英語の
筋トレで
無理なく
ムダなく

1日1分!
TOEIC® L&R テスト
炎の千本ノック

中村澄子

祥伝社

は じ め に

　祥伝社から毎年発行している『千本ノック！』シリーズは前巻から『炎の千本ノック！』と名前を変え、サイズも変えました。それまでは文庫サイズでしたが、小B6という新書に近いサイズになりました。

　このシリーズは今年で12年目。緑本として親しまれていた初期の3冊を入れると15年間で16冊出していて、累計発行部数は100万部を超えています。しかし、これまでは文庫サイズだったのでどうしても文庫売り場に置かれることが多く、TOEIC受験生にきちんと届いていないもどかしさがありました。

　サイズの変更に伴い、TOEICコーナーに置かれやすくなったせいもあるのでしょうか、前巻は読者の支持を得て増刷を重ね、現在8刷となっています。『炎の千本ノック！』で初めて『千本ノック！』シリーズをTOEICコーナーで目にした、という人の、教室への参加も増えています。

　本書の特徴はいくつかありますが、特に強調したいのは、
○パート5だけでなくパート7の練習にもなるように、テストに出題される実際の英文より若干長めの英文になっている。
○17年以上受け続けてきた私自身の経験から、最近のテストの出題傾向を如実に反映している。
　という2点です。

　これまで何度も述べてきたことですが、5年前の改編以降、TOEICテストは年々難易度が増してきました。パート5では4割以上が語彙・イディオムの問題で、語彙問題では少しフォーマルな語彙やビジネス関連の英文で多用される語彙の出題が増えていま

す。

　過去に出題された語彙が出ることも少なくないのですが、同じ語彙が出題されても、ターゲットとなる語彙の空欄前後の表現が難しめだったり、ビジネス系の表現が増えているため、英文が読めなければ語彙だけを知っていても厳しい状況です。

　しかし、大幅に点数を上げた教室生によると、「メールやレポートなどで書く英語が上手になったと言われる」「仕事で使えそうな表現が多い」という声が多いです。

　ビジネス英語を身につけたい人、将来仕事で英語を使う人にとっては、とてもいい進化だと思います。

　八重洲で教室を開いて15年になります。口コミでの参加が半数以上、『千本ノック！』シリーズを読んでの参加が3割半といった感じです。

　大学生の参加もありますが、大半はビジネスパーソンで、現在、業界的に多いのは、製薬と金融です。求められる点数もこの2業種は他に比べ高いように思います。電気やIT関連の企業勤務の方が多かった時期もありました。今もIT関連の企業の方の参加は一定の割合でいます。また、会計士さんの参加も多いです。

　先日、同僚と2人で参加している男性がいたので「金融か製薬でしょ？」と聞いたら、思った通り、金融でした。

　彼の話では、「所属部署の平均が940点なので、自分も940点を出さなければ」いうことでした。「10年前に受けた時のスコアは860点でした」と言うので、「今受けたら700点弱ですね」と答えたら、「先月受けたら680点でした」との返答でした。

10 年前とは内容も難易度も全く違うテストになりました。10 年ぶりだと 200 点以上、4 年ぶりでも 100 点以上下がっている、というのが普通です。

　かつてはパート 5 もノウハウだけでどうにかなる部分がありましたが、今は違います。

　同じポイントが問われていても、空欄の場所を変えたり、英文が読みにくかったりと、昔のパート 5 の参考書に頼っていると、本番で大失態ということになりかねません。パート 6 もきちんと読まなければ対処できませんし、パート 7 は読まなければならない英文の量が増え、設問もかなり難しくなっただけでなく、知能テストのような問題も増えています。

　リスニングセクションも、難易度が上がりました。

　このような状況を踏まえ、最近の TOEIC で高得点をとるためには、「真の英語力をつけること」と「最近の TOEIC 特有の問題の解法に慣れること」、この両方が必要になっています。

　本書を繰り返し解くことで、この 2 つが同時に実現できると確信しています。

　日々忙しいビジネスパーソンはできるだけ短時間で必要な点数を出してほしい、そして早くビジネスライティングや英会話の勉強に進んでほしいと願っています。

2020 年 4 月
中村澄子

スマホでも勉強できます！
本書がアプリに (abceedアプリ)

※ご使用の際は、スマートフォンにダウンロードしてください。

1. お持ちのスマートフォンにアプリをダウンロードしてください
   QRコード読み取りアプリを起動し、右のQRコードを読み取ってください。
   QRコードが読み取れない方はブラウザから、
   https://www.abceed.com/
   にアクセスしてください。（ダウンロードは無料です）。

2. 「中村澄子」で検索してください。

3. 中村澄子先生の著作リストが出てきます。
   その中に本書もありますのでダウンロードしてください
   （有料のコンテンツもあります）。

読者限定！
音声ダウンロードできます

1. PC・スマートフォンで音声ダウンロード用のサイトにアクセスします。

   QRコード読み取りアプリを起動し、右のQRコードを読み取ってください。
   QRコードが読み取れない方はブラウザから、
   https://audiobook.jp/exchange/shodensha
   にアクセスしてください。

   ※これ以外のURLからアクセスされますと、
   無料のダウンロードサービスをご利用いただくことが
   できませんのでご注意ください。
   ※URLは「www」等の文字を含めず、正確にご入力ください

2. 表示されたページから、
   audiobook.jpへの会員登録ページに進みます。
   ※音声のダウンロードには、audiobook.jpへの会員登録（無料）が必要です。
   ※すでにアカウントをお持ちの方はログインしてください。

3. 会員登録後①のページに再度アクセスし、シリアルコードの入力欄に
   「61726」を入力して「送信」をクリックします。

4. 「ライブラリに追加」のボタンをクリックします。

5. スマートフォンの場合はアプリ「audiobook.jp」をインストールして
   ご利用ください。PCの場合は、「ライブラリ」から
   音声ファイルをダウンロードしてご利用ください。

〈ご注意〉
・音声ファイルの無料ダウンロードサービスは、予告なく中止される場合がございますので、ご了承ください。
・ダウンロードについてのお問い合わせ先：info@febe.jp（受付時間：平日の 10 ～ 20 時）

中村澄子本の
完全攻略マニュアル

中村澄子先生は、『千本ノック！』シリーズ以外にもたくさんの TOEIC 本を出版されています。どこから手をつけたらいいの？　と悩んでしまう読者も多いと思います。中村先ご自身に、どの本をどの順番で使えばいいか、解説していただきました。（編集部）

◎**大前提として公式問題集は 7 冊全冊必須**

　学習の順序は、出版年度の古いもの→出版年度の新しいものです。

　具体的には、表紙が青→赤→グレー→緑→ピンク→黄→茶の順です。

◎**ただし、突然公式問題集を使って練習をするのではなく、各パートの出題の特徴や攻略法の理解が先です。拙著の場合は下記の本になります。**

語彙

拙著『TOEIC テスト 英単語出るのはこれ！』（講談社）を、できれば 2 〜 3 週間で全部覚えて下さい。覚える順番は、「パート 5 ＆ 6 →パート 7 →リスニングセクション」です。

覚えるのは「英単語→日本語の意味（日本語の意味が複数あるものは複数すべて）→例文」の順です。類義語や派生語は後まわしでも構いません。TOEIC テスト特有の頻出語彙もありますし、パート 5 ＆ 6 では語彙＆イディオム問題が 4 割以上を占めます。最近はビジネス関連語彙の出題も多いです。同じ単語でも、ビジネス関連で使う場合は多くの人が知っている意味以外の意味であることも少なくありません。また、過去に出題された語彙＆イディオムの再出題もある程度あるので、単語本がずれているとなかなか点数に結び付きません。

リスニングセクション

『CD付 TOEIC®L&R テスト リスニング 徹底攻略と模試 中村澄子のリスニング目標スコア達成テクニック』（ダイヤモンド社）特にパート2は出題傾向の変化が顕著なので、古い時期に書かれたものは使わないことです。

＊パート3＆4では、設問文と選択肢の先読みも必須です。

リーディングセクション　パート5＆6対策

●文法がある程度わかる方

本書→2018年11月発売『炎の千本ノック』→2017年12月発売『1日1分！TOEIC L&R テスト 千本ノック！』→2015年7月発売『新TOEIC TEST 中村澄子の千本ノック！即効レッスン1』のように、発行年度の新しい本から古い年度の順でお使いください。（すべて祥伝社）

※15年間出していますが、2016年度だけ一度に3冊出しています。

●文法が苦手な方

『TOEICL&R テスト　パート5＆6　攻略』（ダイヤモンド社）を読み、頻出文法問題について理解する。

その後、2016年12月発売『千本ノック』3冊（祥伝社）のうち、表紙がピンク（太陽）と青（月）を読みマスターする。

＊理想的にはその後、本書→2018年11月発売『炎の千本ノック』→2017年12月発売『1日1分！TOEIC L&R テスト 千本ノック！』→2015年7月発売『新TOEIC TEST 中村澄子の千本ノック！即効レッスン1』の順番にお使い下さい。

リーディングセクション　パート7対策

『TOEIC® L&R テスト パート7攻略 中村澄子のリーディング新・解答のテクニック』（ダイヤモンド社）パート7を攻略するには、少し長めの複文を速いスピードで頭から読める力を身につけなければなりません。それとは別に、現在のパート7の多大な問題量を要領よく、多くの問題を残さないで時間内に解くには、読み方のコツや攻略法の習得も必要です。後者の習得にお勧めの1冊です。

Contents

編集協力　岩崎清華／土井内真紀／マーク・トフルマイア
ブックデザイン　井上篤 (100mm deisgn)

※本書の発音記号は、主に『ジーニアス英和辞典』(大修館書店)を参考にしています。

この本の使い方

奇数ページ

TOEICテストを毎回受験している著者が、最新の出題傾向を踏まえて作成しました。さまざまな難易度の問題が次々と出てくる、TOEICテストの「千本ノック」です。最後までついてきてください。

チェック欄…… できたら○、できなかったら×をつけましょう。
　　　　　　　　繰り返し学習に便利です。

単語の意味…… おさえておきたい重要単語に、
　　　　　　　　発音記号と和訳がついています。

偶数ページ

難易度………… ★で表現しました。

★………………… 絶対に正解したい基本的な問題です。
★★……………… かなりやさしい問題です。
★★★…………… 標準的な難しさの問題です。
★★★★………… かなり難しい問題です。
★★★★★……… 超難問です。

解説……………… 間違えやすいポイントやTOEICのトリックについて、
　　　　　　　　詳しく説明しています。文法知識の整理に最適です。

訳………………… 標準的な日本語訳を示しています。

英語の筋トレ… 各問題の重要ポイントを、短くまとめています。
　　　　　　　　知識の整理に最適です。ここだけ読んでも力がつきます。

INDEX

巻末にあります。チェック欄付きなので、頻出単語の復習に使えます。
試験直前に便利です。

一球入魂の

28問

最新の出題傾向と頻出単語を
反映した英文を用意しました。
いずれも直球勝負、入魂の問題です。
さあ、始めましょう！

第1問

次の選択肢の中から正しいものを選びなさい。

Several customers have filed (　　) because the products they received were quite different from the ones advertised.

(A) complainingly

(B) complains

(C) complaining

(D) complaints

単 語 の 意 味

customer [kʌ́stəmər] ················ 顧客、得意先
file [fáil] ································· ～を申し立てる、提起する
product [prá:dəkt] ·················· 製品、生産品
quite [kwáit] ··························· かなり、とても

解説

名詞の問題です。

選択肢の形が似ているので、品詞問題かもしれない、と考えましょう。品詞問題では空欄前後が重要になります。

空欄以降は〈because＋S＋V〉と従属節になっているため、Several customers have filed (　　)部分がこの英文の主節だとわかります。
この主節の主語は Several customers で、動詞が have filed です。したがって、空欄には他動詞 file の目的語が入るはずです。

目的語になるのは名詞です。選択肢の中で名詞は complaint「苦情、不平」の複数形である(D)の complaints だけです。
(B)は動詞 complain「苦情を言う」に三単現の s が付いたものですが、正解である(D)の complaints との違いは t があるかどうかだけです。

TOEIC テストは時間のない中で解かなければならないので、急いで解くと(B)complains を名詞だと勘違いし、正解として選んでしまいます。いわゆるトリック問題です。間違えないように気を付けましょう。

訳

受け取った製品が宣伝されているものとかなり違っていたので、顧客の何人かは苦情を申し立てました。

英語の
筋トレ 1

complaint は「苦情、不平」という意味の名詞です。

第**2**問

次の選択肢の中から正しいものを選びなさい。

Katherine Katelyn's presentation on personal investments was (　　　), and she received more than a dozen questions after it was finished.

(A)　engagement

(B)　engage

(C)　engaged

(D)　engaging

単 語 の 意 味

personal [pə́ːrsənl]······················個人の、個人的な
investment [invéstmənt]··········投資、出資
a dozen 〜·······························かなり多くの、12 の

解説

形容詞の問題です。

選択肢に似た形の単語が並んでいるので、品詞問題かもしれないと考えます。品詞問題の場合、空欄前後が重要になります。

空欄直前は be 動詞の was です。be 動詞の後ろ（補語）には名詞か形容詞が入ります。

名詞が入るのはこの節の主語である Katherine Katelyn's presentation と補語の内容が同じ場合で、形容詞が入るのは主語である Katherine Katelyn's presentation の状態を説明する場合です。
「キャサリン・ケイトリンさんの発表は興味深かった」という意味になるはずなので、形容詞である (D) の engaging「興味をそそる、人を引き付ける」が正解だとわかります。

訳

個人投資に関するキャサリン・ケイトリンさんの発表は興味深かったので、ケイトリンさんは終了後にかなり多くの質問を受けました。

英語の
筋トレ2

be 動詞の後ろには補語が続きます。補語になるのは名詞か形容詞ですが、どちらが入るかは意味で判断しましょう。

第 **3** 問

次の選択肢の中から正しいものを選びなさい。

The apartment building has been equipped with numerous storage lockers, in case a delivery ( ) when a resident is not at home.

- (A) arrival
- (B) arrive
- (C) arriving
- (D) arrives

単 語 の 意 味

be equipped with ～…………～が備え付けられている
numerous [n(j)úːmərəs]…………多数の、数々の
storage [stɔ́ːrɪdʒ]………………収納、保管、格納
in case (that) ～………………もし～の場合には
delivery [dɪlívəri]………………配達、配達物
resident [rézədənt]………………住人、住民

答え (D) arrives

難易度… ★★★☆☆

解説

主語と動詞の一致の問題です。

この問題を解くには、in case の後ろに接続詞 that が省略されていることに気付かなければなりません。in case that で「もし（that 以下）の場合に備えて」という意味になります。

接続詞 that の後ろには節（S＋V）が続くはずなので、主語が a delivery で、空欄に入るのは動詞だとわかります。動詞は (B) の arrive と (D) の arrives です。

主語の a delivery は単数名詞です。主語が単数名詞の場合には (D) の arrives しか使えません。
したがって、正解は (D) の arrives「届く」です。

簡単な問題ですが、in case that の意味や that が省略されているという点に気付かなければ正解を選ぶのに時間がかかります。

訳

住人が不在時に配達物が届けられた場合に備えて、そのマンションには多くの収納ロッカーが備え付けられています。

英語の
筋トレ3

in case that という表現は接続詞の that を省略して使われることが多いです。
in case of ＋「名詞／名詞句」や in case that ＋「節（S＋V）」は、これらの表現自体もパート5で問われることがあります。

第**4**問

次の選択肢の中から正しいものを選びなさい。

The aim of the medical facility is (   ) unique types of treatments that will increase the comfort of patients and reduce stay times.

(A) to develop

(B) develop

(C) been developed

(D) development

単 語 の 意 味

aim [éɪm]·················· 目的、目標
facility [fəsíləti]·················· 施設、設備
unique [juː(ː)níːk]·················· 独自の、独特の
treatment [tríːtmənt]·················· 治療法、治療
comfort [kámfərt]·················· 快適さ、心地よさ
patient [péɪʃənt]·················· 患者、病人
reduce [rɪd(j)úːs]·················· ～を削減する、減らす

解説

不定詞の問題です。

treatments の後ろの that は主格の関係代名詞なので、that 以降は修飾語です。修飾語部分をカッコに入れると問題のポイントが見えやすくなります。

この英文の主語は The aim of the medical facility で、動詞が be 動詞の is です。
is に続く (　) unique types of treatments 部分は、be 動詞 is の補語になるはずです。
そのためにはどの選択肢を入れればいいかを考えます。

to 不定詞（to＋動詞の原形）であれば「〜すること」という意味になるので名詞句を作り、be 動詞 is の補語になります。
したがって、(A)の to develop「開発すること」が正解です。

不定詞の用法としては、名詞的に使われる名詞的用法以外にも、形容詞的に使われる形容詞的用法「〜すべき、〜するための」、副詞的に使われる副詞的用法「〜するために」がありますが、3つの用法全てが出題されています。

訳

その医療施設の目的は、患者の快適性を高め、入院期間を短くする独自の治療法を開発することです。

**英語の
筋トレ4**

to 不定詞（to＋動詞の原形）は「〜すること」という意味で使うことができます。この用法を不定詞の名詞的用法といいます。

第**5**問

できたら…○
できなかったら…×

次の選択肢の中から正しいものを選びなさい。

Samuel Roberts Inc., the region's largest recruiting firm, reports (　　) higher demand for staff fluent in multiple languages.

- (A) to increase
- (B) increasingly
- (C) increasing
- (D) increase

単 語 の 意 味

region [ríːdʒən]‥‥‥‥‥‥‥‥‥‥‥地域、地方
demand for ～‥‥‥‥‥‥‥‥‥～に対する需要、要求
fluent [flúːənt]‥‥‥‥‥‥‥‥‥‥‥流ちょうな、堪能な
multiple [mʌ́ltəpl]‥‥‥‥‥‥‥‥‥多数の、多様な

解説

副詞の問題です。

選択肢に似た形の単語が並んでいるので、品詞問題かもしれないと考えます。品詞問題の場合、空欄前後が重要になります。

この英文の空欄直後は higher demand と〈形容詞＋名詞〉の形になっています。
形容詞を修飾するのは副詞なので、副詞である(B)の increasingly「ますます、だんだん」を選べば正しい英文になります。

ヒントとなる、空欄直後に置かれた形容詞が higher と比較級になっていますがシンプルに考えましょう。比較級や最上級になっていても、形容詞であることに変わりはありません。

副詞は形容詞、動詞、他の副詞、副詞句、節、文全体を修飾します。

訳

この地域最大の人材派遣会社であるサミュエル・ロバーツ社は、複数の言語に堪能なスタッフへの需要がますます高まっていると報告しています。

**英語の
筋トレ 5**

形容詞を修飾するのは副詞です。形容詞部分が比較級や最上級になっていても同じです。

次の選択肢の中から正しいものを選びなさい。

Sales this quarter have been (　　) better than the same period last year owing to an aggressive marketing campaign.

    (A) more

    (B) well

    (C) far

    (D) very

単 語 の 意 味

quarter [kwɔ́ːrtər]······················ 四半期
owing to···································· ～のおかげで、～のせいで
aggressive [əgrésɪv]··············· 積極的な、挑戦的な

解説

比較級の問題です。

空欄直後を見ると better than 〜と比較級になっています。
また、選択肢に比較級を強調する場合に使う far があるので、
比較の強調の問題ではないかと推測できます。

far を入れて、英文の意味が通るかどうかを確認すると、「今四
半期の売り上げは前年同期に比べはるかにいい」となり文意が
通るので、(C)の far「はるかに」が正解だとわかります。

比較級を強調する場合には、far の他に much や even を使い
ます。far、much、even 全てが TOEIC テストに出題されてい
るので、どれが出ても正解できるようにしましょう。

空欄部分の場所が変わり、far/much/even (　) than の形で出題
され、空欄に比較級を入れる問題も出題されます。出題のされ
方は変わっても、解く際のポイントは同じです。

訳

積極的なマーケティングキャンペーンのおかげで、今四半期の売り上げは
前年同期比ではるかに向上しています。

英語の
筋トレ6

比較を強調する場合には far、much、even などを使
い、比較級の前に置きます。

第7問

次の選択肢の中から正しいものを選びなさい。

The funds (　　) by our dedicated volunteers will be used to purchase the latest publications for the new library.

(A)　raised

(B)　raising

(C)　raise

(D)　to raise

単 語 の 意 味

fund [fʌ́nd] ································ 資金、基金、財源
dedicated [dédəkèɪtɪd] ············ 熱心な、献身的な
volunteer [vɑ̀ːləntíər] ··············· 志願者、有志、ボランティア
purchase [pɑ́ːrtʃəs] ················· 〜を購入する、買う
latest [léɪtɪst] ···························· 最新の、最近の
publication [pʌ̀bləkéɪʃən] ········· 出版物、出版

解説

分詞の問題です。

分詞には現在分詞（〜 ing）と過去分詞（〜 ed）があります。
両方とも形容詞的に用いられることが多いです。
分詞は形容詞の働きをするので、名詞を修飾します。

現在分詞は「〜している、〜する」という能動的な意味になり、過去分詞は「〜された、〜される」という受動的な意味になる場合が多いです。

空欄前後を訳してみると、「集められた資金、調達された資金」とつなげるのが自然だとわかります。「〜された、〜される」という受動的な意味は過去分詞で表しますので、(A)の raised が正解です。

分詞の使い方としては、修飾する「名詞の前に来る」用法と、「名詞の後ろに来る」用法があります。この英文では名詞の後ろに置いて、前の名詞を修飾しています。この英文のように修飾する語が2語以上になる場合には、修飾する名詞の後ろに分詞を置きます。

raise funds「資金を調達する」という表現はビジネスで頻繁に使われるので覚えておきましょう。

訳

熱心なボランティアの人々によって集められた資金は、新しい図書館に置く新刊図書の購入に充てられます。

英語の筋トレ7	分詞は形容詞の働きをし、名詞を修飾します。「〜された、〜される」と受動的な意味になる場合には、過去分詞を使います。

次 の 選 択 肢 の 中 か ら 正 し い も の を 選 び な さ い 。

(　　) the recent decline in sales, profitability has increased dramatically as a result of the effort to decrease operational costs.

(A)　In the event of

(B)　In terms of

(C)　In spite of

(D)　Instead of

単 語 の 意 味

decline in ～ ······························ ～の減少、下降
profitability [prà:fətəbíləti] ······· 収益性、利益性
dramatically [drəmǽtɪkəli] ······· 劇的に、著しく
as a result of ～ ····················· ～の結果として
operational cost ····················· 運転費用、運用コスト、営業費

解 説

前置詞の問題です。

選択肢にはさまざまな群前置詞が並んでいます。
空欄後コンマまでは名詞句になっています。名詞句の前に置けるのは前置詞の働きをするものなので、選択肢全てが正解候補になります。どれが正解かは英文の意味を考えます。

空欄後からコンマまでで「最近の売上高の減少」と言っていて、コンマ以降で「運転費の削減努力により収益性は劇的に上昇した」と言っています。これらをつないで意味が通るようにするには、空欄に(C)の In spite of「〜にもかかわらず」を入れるしかありません。
したがって、(C)の In spite of が正解です。

in spite of は頻出の前置詞 despite や時々出される前置詞の notwithstanding と同じ意味です。
despite の方が出題頻度は高いですが、in spite of も忘れた頃に出題されます。

(A) In the event of「〜の場合には」、(B) In terms of「〜の観点から」、(D) Instead of「〜の代わりに」では文意が通りません。

訳

最近の売上高の減少にもかかわらず、運転費の削減努力により収益性は劇的に上昇しました。

英語の
筋トレ8

in spite of は「〜にもかかわらず」という意味の群前置詞で、前置詞 despite と同じ意味です。

第**9**問

次の選択肢の中から正しいものを選びなさい。

The conference on international trade is held annually and it is regarded as a place where attendees can meet other (　　) from around the world.

- (A) professionally
- (B) professionals
- (C) professional
- (D) profession

単 語 の 意 味

annually [ǽnjuəli]··················· 毎年、年に一度
be regarded as 〜················· 〜とされている、〜と見なされる
attendee [ətèndíː]··················· 参加者、出席者

解説

名詞の問題です。

選択肢に似た形の単語が並んでいるので、品詞問題かもしれないと考えます。品詞問題の場合、空欄前後が重要になります。

空欄前に他動詞の meet があり、その目的語部分が other (　) です。
目的語になるのは名詞なので、other (　) 部分が名詞になるためには、空欄には名詞が入るはずです。

選択肢の中で名詞は(B)の professionals と(D)の profession です。
どちらが正解かのヒントは、空欄直前に置かれた other「他の」という意味の形容詞です。other が「他の」という意味で形容詞として使われる場合には、後ろに複数名詞が続きます。
したがって、正解は(D)の professionals「専門家たち」です。

other には他にも名詞「もう一方の物／人」としての用法もあり、the other の形で使います。この意味での other も出題されます。

訳

国際貿易に関する会議は毎年開催されており、参加者たちが世界中の専門家に出会える場とされています。

英語の
筋トレ 9

other が「他の」という意味で形容詞として使われる場合には、後ろに複数名詞が続きます。

第10問

できたら…○
できなかったら…×

次の選択肢の中から正しいものを選びなさい。

Danielson Corporation will relocate its office to Square One Plaza on a temporary (　　) while their offices in Steadman Building are being renovated.

- (A) assignment
- (B) basis
- (C) grounds
- (D) construction

単語の意味

relocate [rì:lóukeɪt]……………〜を移転する
temporary [témpərèri]…………一時的な、仮の、臨時の
renovate [rénəvèɪt]……………〜を改装する、修理する

解説

語彙問題です。

選択肢にはさまざまな語彙が並んでいます。英文全体の意味を考えて、正解を選ばなければなりません。

「ステッドマンビルのオフィスの改修中、ダニエルソン・コーポレーションは、スクエア・ワン・プラザに〜オフィスを移す」という意味の英文で、「〜」部分にあたるのが on a temporary (　) です。空欄部分に入れて文意が通るのはどれかを考えます。

(B)の basis「基準、原則」を入れて、on a temporary basis「一時的に」とすれば、文意が通ります。

on a 〜 basis で「〜ベースで」という意味になり、on a regular basis「定期的に」、on a daily basis「毎日」、on a monthly basis「月に一度」のような表現で頻繁に使われます。少し力があれば on a temporary (　) 部分をチェックするだけで解ける問題で、過去にも数度出題されています。

(A)assignment「(任務などの) 割り当て、職務」、(C)grounds「(複数形で) 根拠、理由」、(D)construction「建設、建築」では文意が通りません。

訳

ステッドマンビルのオフィスの改修中、ダニエルソン・コーポレーションは、スクエア・ワン・プラザに一時的にオフィスを移します。

英語の
筋トレ 10

on a 〜 basis は「〜ベースで」という意味の慣用表現です。on a temporary basis だと「一時的に」という意味になります。

第**11**問

次の選択肢の中から正しいものを選びなさい。

Each applicant is reminded to include at least three personal references, (　　) the application will not be accepted.

(A) however

(B) therefore

(C) but

(D) or

単 語 の 意 味

applicant [ǽplɪkənt]‥‥‥‥‥‥‥ 応募者、申請者
remind ～ to …‥‥‥‥‥‥‥‥ (～に)…することを思い出させる、気付かせる
include [ɪnklúːd]‥‥‥‥‥‥‥‥‥ ～を含む
at least‥‥‥‥‥‥‥‥‥‥‥‥ 少なくとも
reference [réfərəns]‥‥‥‥‥‥ 信用照会先
application [æplɪkéɪʃən]‥‥‥‥ 申込書、応募、申し込み

難易度… ★★★☆☆

解説

接続詞の問題です。

空欄前も、コンマ以降も節［S（主語）＋V（動詞）］です。節と節を結ぶのは接続詞です。

(A)however と (B)therefore は副詞なので不可です。接続詞は (C)but と (D)or です。どちらが正解かは英文の意味を考えなければなりません。

文頭からコンマまでの節では「それぞれの申請者は最低3件の照会先を含めるように念を押されている」とあり、空欄に続く節では「申込書は受理されない」と言っています。
この2つの節をつないで意味が通る接続詞は、(D)の or「そうしなければ、さもなければ」だけです。(C)の but「しかし」では文意が通りません。
したがって、(D)の or が正解です。

一般的に「または」という意味でしか or を理解していない人が多いのですが、ここでは「そうしなければ、さもなければ」という意味で使われています。or はこの意味でもよく使われます。

訳

最低3件の照会先を明記しなければ申込書は受理されませんので、申請者の方々はご注意ください。

英語の
筋トレ11

接続詞の or には「または」という意味のほかに「そうしなければ、さもなければ」という意味もあり、この意味でもよく使われます。

第12問

次の選択肢の中から正しいものを選びなさい。

Over the past eight months, Bedford Bank (　　) five new staff in its Montreal branch to help process applications in the loans department.

- (A) was hiring
- (B) has hired
- (C) had hired
- (D) hired

単語の意味

branch [brǽntʃ]····················· 支店
process [prάːses]····················· ～を処理する
loans department················· 融資部門

解説

現在完了形の問題です。

ヒントは文頭の over the past eight months という表現です。
「過去8カ月間にわたり」という意味になり、現在と過去をつなげて期間を表しています。

現在と過去をつなげて今の状況を表す場合、つまり期間がある場合には現在完了形を使います。したがって、(B) の has hired が正解です。

現在完了形には「完了・結果」、「経験」、「継続」などがありますが、これは「継続」の問題です。
「継続」を表す場合の重要なポイントは現在とかかわりがある、という点です。

「完了・結果」、「経験」、「継続」の中で、パート5で最も出題が多いのは、「継続」の問題です。

訳

融資部門で申請書の処理をサポートするために、ベッドフォード銀行では、過去8カ月間でモントリオール支店に5人の職員を雇い入れました。

英語の
筋トレ12

over the past eight months のように、過去と現在をつなぐ期間を表す表現がある場合には現在完了形を使います。

第13問

次の選択肢の中から正しいものを選びなさい。

Despite the tremendous efforts made by the organizing committee, a suitable venue for this year's conference has not (　　) been located.

(A) now

(B) soon

(C) often

(D) yet

単 語 の 意 味

despite [dɪspáɪt]……………………〜にもかかわらず
tremendous [trɪméndəs]………… 多大な、途方もない
organizing committee……… 組織委員会
suitable [súːtəbl]…………………… 適切な、ふさわしい
venue [vénjuː]………………………… 会場、開催地
locate [lóukeɪt]……………………… 〜を探し出す、見つけ出す

解説

適切な意味の副詞を選ぶ問題です。

選択肢にはさまざまな副詞が並んでいるので、適切な意味の副詞を選ぶ問題だとわかります。英文の意味を考えて文意に合う副詞を選ばなければならないので、語彙問題に似ています。

「組織委員会による多大な努力にもかかわらず、今年の会議に適した会場は～見つかっていない」という英文で、「～」部分に入れて文意が通る副詞は何かを考えます。
(D)の yet「まだ、今のところ」であれば、文意が通ります。

yet は主に否定文と疑問文で使われます。否定文で使われる場合には「まだ（～ない）」という意味で、疑問文で使われる場合には「もう、すでに」という意味になります。
「空欄前に not があれば空欄に yet を入れる」と頻出問題のパターンでしか覚えていない人をひっかけるために、not ( ) の形で出題され、しかも yet は不正解の選択肢としてあり、他の副詞が正解だったというひっかけ問題も出題されています。
ですので、形だけで判断するのではなく、「空欄前に not があるから yet かもしれない」、でも、確認のために英文を読んで判断をする、という習慣を身に付けたほうがいいでしょう。
また、have yet to be＋過去分詞「いまだ～されない」という表現の yet 部分が問われる問題も出題されています。

訳

組織委員会による多大な努力にもかかわらず、今年の会議に適した会場はまだ見つかっていません。

英語の
筋トレ13

yet は主に否定文と疑問文で使われ、否定文で使われる場合には「まだ、今のところ」という意味になります。

第**14**問

次の選択肢の中から正しいものを選びなさい。

Mr. McMillian initially (　　) the job offer, but later changed his mind when the company explained that he could work remotely.

　　　(A)　declined
　　　(B)　granted
　　　(C)　applied
　　　(D)　verified

単 語 の 意 味

initially [ɪníʃəli]···················· 最初に、初めに
job offer··························· 仕事の申し出、採用通知
work remotely··················· 在宅勤務をする

答え (A) declined

解説

適切な意味の動詞を選ぶ問題です。

適切な意味の動詞を選ぶ問題は語彙問題と同じで、英文を読んで、全体の意味を考えなければなりません。
「マクミリアンさんは最初に採用を〜が、後に会社が在宅勤務ができると説明した際に考えが変わった」という英文で、「〜」部分にどの動詞を入れれば文意が通るかを考えます。

接続詞 but 以降で「後に会社が在宅勤務ができると説明した際に考えが変わった」と言っているので、(A)の declined を入れれば、文頭からコンマまでの主節で「最初は仕事の申し出を断った」となるので文意が通ります。

decline は他動詞としては「〜を断る、辞退する」、自動詞としては、「下降する、衰える、(景気が)落ち込む」という意味になります。ここでは他動詞として使われています。

「応募する」という意味で apply を使う場合は自動詞扱いになるので、この英文のように後ろに直接目的語が続くことはありません。したがって、(C)applied は不正解です。
(B)granted は grant「〜を許可する、認める、与える」の過去形、(D)verified は verify「〜を立証する、確かめる」の過去形で、両方とも文意が通りません。

訳

マクミリアンさんは最初に採用を辞退しましたが、後に会社が在宅勤務ができると説明した際に考えが変わりました。

英語の
筋トレ14

decline は他動詞としては「〜を断る、辞退する」、自動詞としては「下降する、衰える、(景気が)落ち込む」という意味になります。いずれの意味でも頻繁に使われます。

第15問

次の選択肢の中から正しいものを選びなさい。

A few of the attendees complained that the conference center was too small for such an event, but (　　) praised organizers for choosing an appropriate theme.

(A) neither

(B) most

(C) anyone

(D) each

単 語 の 意 味

few [fjúː]······················少数（の人／物）
attendee [ətèndíː]··············参加者
complain [kəmpléɪn]·············～であると不満を言う、苦情を言う
praise [préɪz]···················～を称賛する、褒める
organizer [ɔ́ːrgənàɪzər]·········主催者、事務局
appropriate [əpróupriət]········適切な、適した

解説

代名詞の問題です。

この問題では、意味だけでなく文法力も問われているので注意しましょう。

文頭からコンマまでで A few of the attendees complained that the conference center was too small for such an event「数名の参加者が、このようなイベントにはその会議センターが小さすぎたという不満を述べた」と言っていて、コンマ以降で but ( ) praised organizers for choosing an appropriate theme.「しかし ( ) はふさわしいテーマを選んだと主催者を評価した」と言っています。

コンマまでで会場に関してネガティブな内容が述べられており、コンマ直後に but があるのでコンマ以降ではポジティブな内容が述べられているのだろうと推測できます。

but を挟んでその前後で内容を対比させていると考えれば、コンマより前の節で使われている主語が a few「少数」なので、コンマ以降の主語は a few に対比する most「大部分」ではないかと考えるのが自然です。

正解である(B)の most は、most of the attendees の of 以下が省略された形の代名詞として主語の働きをしています。

(C)anyone「誰でも」、(D)each「おのおの」では、コンマまでの「少数の人が反対している」と矛盾し、文意が通りません。

訳

参加者の中には、このようなイベントにはその会議センターが小さすぎたという不満の声もありましたが、大半の人はふさわしいテーマを選んだと主催者を評価しました。

英語の筋トレ 15

most は代名詞として、most of the 〜「〜のほとんど」という意味で使うことがあり、前に出てきた特定の名詞を指す場合には of 以下を省略することができます。

第**16**問

次の選択肢の中から正しいものを選びなさい。

It is (　　) to confirm that all documents have been thoroughly reviewed by at least one senior manager before sending them to a client.

(A)　considerable

(B)　essential

(C)　prominent

(D)　faithful

単 語 の 意 味

confirm [kənfə́:rm]······················〜を確認する
thoroughly [θə́:rouli]··············徹底的に、十分に、完全に
review [rɪvjúː]···························〜を見直す、精査する、再調査する
at least··································少なくとも

解説

語彙問題です。

語彙問題は英文を読み、全体の意味を考えなければなりません。

文頭の It は形式主語で、意味上の主語は to 以下です。
主語が長い場合、頭でっかちの英文になるのを避けるために、形式主語の it を文頭に置き、意味上の主語を to 以下や that 以下で表します。したがって、この英文は、「to 以下は〜だ」という意味の英文になります。

「クライアントに送る前に、文書は全て最低 1 名のシニアマネージャーによって入念にチェックされているのを確認することが〜だ」という英文で、「〜」部分に何を入れればいいのかを考えなければなりません。

(B)の essential「極めて重要な、不可欠の」であれば、文意が通ります。essential は半分日本語になっている、名詞 essence「最重要点、本質」の形容詞です。

(A)considerable「かなりの、重要な」、(C)prominent「卓越した、有名な」、(D)faithful「信頼できる、誠実な」では文意が通りません。

訳

クライアントに送る前に、文書は全て最低 1 名のシニアマネージャーによって入念にチェックされているのを確認することが極めて重要です。

英語の筋トレ 16

文頭の It は形式主語で、意味上の主語は to 以下です。主語が長い場合は、頭でっかちの英文になるのを避けるために、形式主語の it を文頭に置き、意味上の主語を to 以下や that 以下で表します。

第17問

次の選択肢の中から正しいものを選びなさい。

The sales forecast included in the monthly report is (　　) quite accurate, which helps us make better business decisions.

(A)　strictly

(B)　generally

(C)　finally

(D)　moderately

単 語 の 意 味

sales [séɪlz]･････････････････････････ 売り上げ、売上高
forecast [fɔ́ːrkæst]･･･････････････ 予測、予想
included in ～･･･････････････････ ～に含まれた
quite [kwáɪt]･･･････････････････････ かなり
accurate [ǽkjərət]･･････････････ 正確な、正しい
make a decision･･････････････ 決める、決定する

解説

適切な意味の副詞を選ぶ問題です。

選択肢にはさまざまな副詞が並んでいるので、適切な意味の副詞を選ぶ問題だとわかります。英文の意味を考えて文意に合う副詞を選ばなければならないので、語彙問題に似ています。

「月次報告書にある売上予測は～かなり正確で、より良い経営判断を下すのに役立っています」という英文で、「～」部分に入れて文意が通る副詞は何かを考えます。

(B)の generally「通常、概して、一般的に」であれば、文意が通ります。

(A)strictly「厳しく、厳密に」、(C)finally「最終的に、ついに」、(D)moderately「適度に、ほどほどに」では文意が通りません。

generally =「一般的に」と、日本語で一つの意味しか覚えていない人は正解できません。英単語を覚えるときは、「英単語→一つの日本語での意味」で覚えるのではなく、できればそれぞれの単語が元々持っているニュアンスを英文の中でマスターするようにしましょう。そうでなければ正解できない語彙問題の出題が最近は増えています。

訳

月次報告書にある売上予測は大抵の場合かなり正確で、より良い経営判断を下すのに役立っています。

英語の
筋トレ 17

generally は「通常、概して、一般的に」という意味の副詞です。

第18問

次の選択肢の中から正しいものを選びなさい。

Although everyone has a university degree, many of the new hires do not consider (　　) to be qualified for the job.

    (A)　themselves

    (B)　it

    (C)　itself

    (D)　them

単 語 の 意 味

degree [dɪɡríː]····························· 学位
new hire································· 新入社員
qualified [kwάːləfàɪd]················ 適任の、資質のある

解説

代名詞の問題です。

人称代名詞の所有格（my、our）や目的格（him、her、them）に -self や -selves がついたものを再帰代名詞といい、「自分で、独力で」という意味を強調したいときに使います。また、主語と同じ人が目的語に入る場合にも使います。

この問題は後者のほうで、主語である the new hires「新入社員」が他動詞 consider の目的語にもなっています。
the new hires は複数なので代名詞 them で言い換え、-selves をつけた（A）の themselves が正解です。

前者の「自分で、独力で」という意味を強調したい場合の再帰代名詞 -self/-selves の方が出題頻度は高いですが、この問題のように主語と同じ人が目的語に入る場合の再帰代名詞を問う問題も出題されます。
どちらが出ても正解できるようにしましょう。

訳

全員が大学の学位を持っているとはいえ、新入社員の多くは自分が仕事に適した能力を持っているとは思っていません。

**英語の
筋トレ18**　主語と同じ人が目的語に入る場合、目的語が入る箇所には再帰代名詞（-self/-selves）を使います。

第19問

次の選択肢の中から正しいものを選びなさい。

Trainees must complete all three levels of training
(　　) of how long it takes before they are
permitted to operate machinery.

- (A) based
- (B) along
- (C) despite
- (D) regardless

単語の意味

complete [kəmplíːt]················ ～を完了する、終える
permit A to ～ ························ A が～することを許す
operate [άːpərèit] ····················～を操作する、運転する
machinery [məʃíːnəri]············ 機械、機械類

解 説

イディオムの問題です。

選択肢にはさまざまな語彙が並んでいます。英文全体の意味を考えて正解を選ばなければなりません。
「機械の操作が許可されるに先立ち、どんなに時間がかかる〜、研修生は3段階全てのトレーニングを修了しなければならない」という意味の英文で、「〜」部分に入れて文意が通るのはどれか考えます。

(D) の regardless であれば、直後に置かれた of を続けると regardless of になり、文意が通ります。

regardless of 〜は「〜にかかわらず、〜に関係なく」という意味でよく使われるイディオムです。
regardless of は regardless of gender「性別に関係なく」、regardless of age「年齢にかかわらず」、regardless of the weather「天候にかかわらず」など、日常的に頻繁に使われます。

(A) の based は based on と後ろには on が続き、(B) の along は along with と後ろには with が続きます。
(C) の despite は前置詞なので、despite of と前置詞を2つ続けて使うことはありません。

訳

機械の操作が許可されるに先立ち、どんなに時間がかかっても、研修生は3段階全てのトレーニングを修了しなければなりません。

英語の
筋トレ19

regardless of 〜は「〜にかかわらず、〜に関係なく」という意味で頻繁に使われるイディオムです。

第20問

次の選択肢の中から正しいものを選びなさい。

If a donation has not been made by an individual in the past two years, their name will be (　　) removed from the museum guest list.

(A) frequently

(B) exclusively

(C) hardly

(D) permanently

単 語 の 意 味

donation [dounéiʃən] ················ 寄付、献金
individual [ìndəvídʒuəl] ··········· 個人、特定の人
remove [rimúːv] ······················ ～を削除する、取り除く

解説

適切な意味の副詞を選ぶ問題です。

選択肢にはさまざまな副詞が並んでいるので、適切な意味の副詞を選ぶ問題だとわかります。英文の意味を考えて文意に合う副詞を選ばなければならないので、語彙問題に似ています。

「個人の寄付が過去2年間ない場合、美術館のゲストリストからその名前が〜削除される」という英文で、「〜」部分に入れて文意が通る副詞は何かを考えます。
(D)の permanently「永久に、永遠に」であれば、文意が通ります。

TOEIC の他のパートで求人広告が頻繁に出題されます。そこで permanent job「正社員の職」という表現がよく使われるので、形容詞の permanent の意味は知っている人が多いはずです。permanent から副詞の permanently の意味も推測できます。

(A)frequently「頻繁に、しばしば」、(B)exclusively「まったく〜のみ、もっぱら」、(C)hardly「ほとんど〜ない」では文意が通りません。

訳

個人の寄付が過去2年間ない場合、美術館のゲストリストからその名前が永久的に削除されます。

英語の
筋トレ 20

permanently は「永久に、永遠に」という意味の副詞です。

第21問

次の選択肢の中から正しいものを選びなさい。

Organizers were praised by participants for the ( ) keynote speaker who was invited to the annual medical conference.

(A) exceptional

(B) industrious

(C) substantial

(D) feasible

単語の意味

organizer [ɔ́:rgənàizər]·············主催者、事務局
praise [préiz]·····························〜を称賛する、褒める
participant [pɑːrtísəpənt]········参加者
keynote speaker··················基調講演者
annual [ǽnjuəl]·························年次の、年に一度の

解説

語彙問題です。

語彙問題は英文を読み、全体の意味を考えなければなりません。

「主催者は、今年度の医療会議に招待された〜基調講演者ゆえに、参加者から称賛された」という英文で、「〜」部分に何を入れればいいのかを考えます。

文意を考えれば「素晴らしい基調講演者」とか「有名な基調講演者」のような内容になるのではと推測できるので、(A)の exceptional が正解だとわかります。exceptional を「例外的な」という意味でしか覚えていない人も少なくないですが、**「特に優れた、優秀な」**という意味もあり、ビジネス関連の英文ではこの意味で使われることが多いです。

(B)industrious「勤勉な、熱心な」、(C)substantial「十分な、かなりの」、(D)feasible「実現可能な、実行できる」では文意が通りません。
単語を「英単語」→「和訳」だけで覚えていると industrious を間違って選ぶかもしれませんが、industrious keynote speaker という言い方はしません。辞書的な和訳に無理がある場合もあるので、英単語それぞれが持っているニュアンスを英文を読みながら理解しましょう。

訳

主催者は、今年度の医療会議に招待した基調講演者が特別優れていたと参加者から称賛されました。

英語の
筋トレ 21

exceptional は「例外的な」以外に「特に優れた、優秀な」という意味があり、ビジネス関連の英文ではこの意味で使われることが多いです。

できたら…○
できなかったら…×

次の選択肢の中から正しいものを選びなさい。

Employees working in quality control are required
to ( ) each item as it comes off the production
line before it is sent to be packaged.

(A) eliminate

(B) edit

(C) inspect

(D) duplicate

単 語 の 意 味

require A to 〜 ························· A が〜するように要求する
item [áɪtəm] ································· 品物、品目
package [pǽkɪdʒ] ···················· 〜を梱包する、包装する

難易度… ★★★☆☆

解説

適切な意味の動詞を選ぶ問題です。

適切な意味の動詞を選ぶ問題は語彙問題と同じで、英文を読んで、全体の意味を考えなければなりません。

「品質管理を行う従業員は、梱包に送られる前にそれぞれの商品が生産ラインから出てくる際に、それを〜することが求められる」という英文で、「〜」部分にどの動詞を入れれば文意が通るかを考えます。

文意が通るようにするには、「検査する、点検する」のような意味の動詞が入ればよいとわかります。したがって、(C)のinspect「〜を検査する、点検する」が正解です。

名詞の inspection「検査、点検」や inspector「検査官、調査官」も出題されているので、一緒の覚えましょう。

(A)eliminate「〜を削除する」、(B)edit「〜を編集する」、(C)duplicate「〜を複製する」では、文意が通りません。

訳

品質管理を行う従業員は、生産ラインから出てくる商品一つ一つを梱包前に検品しなければなりません。

英語の
筋トレ 22

inspect は「〜を検査する、点検する」という意味の動詞で、メーカー必須単語でかつ TOEIC 頻出単語の一つです。

第**23**問

次の選択肢の中から正しいものを選びなさい。

Alexander Logistics is moving (　　　) with an initiative that will improve its ability to handle larger volumes of deliveries.

(A)　into

(B)　over

(C)　out

(D)　forward

単 語 の 意 味

initiative [ɪníʃətɪv]‥‥‥‥‥‥‥‥新規構想、戦略、イニシアチブ
improve [ɪmprúːv]‥‥‥‥‥‥‥‥〜を改善する、向上させる
ability [əbíləti]‥‥‥‥‥‥‥‥‥能力、才能
delivery [dɪlívəri]‥‥‥‥‥‥‥‥配達、配達物

解 説

適切な意味の副詞を選ぶ問題です。

選択肢にはさまざまな副詞が並んでいるので、適切な意味の副詞を選ぶ問題だとわかります。英文の意味を考えて文意に合う副詞を選ばなければならないので、語彙問題に似ています。
「アレクサンダー・ロジスティックスは、より多くの配達物に対応することができるように新たな取り組みで〜進んでいる」という英文で、「〜」部分に入れて文意が通る副詞は何かを考えます。

(D)の forward「前へ、先へ」であれば、文意が通ります。forward には副詞以外に、動詞「〜を送る」や形容詞「前方の、前方への」としての用法があります。

この問題を難しくしているのは、空欄の少し後ろに置かれた initiative という単語です。initiative はビジネス関連の英文で使われることが多く、パート5で語彙問題としても出題されています。

(A)into は前置詞なので、ここでは使えません。(B)over には副詞としての用法もありますが「終わって、完了して」という意味になり、ここでは使えません。(C)out だと move out で「引っ越す、立ち退く」という意味になるので文意が通りません。

訳

アレクサンダー・ロジスティックスは、より多くの配達物に対応することができるように新たな取り組みで前に進んでいます。

英語の
筋トレ 23

副詞としての forward は「前へ、先へ」という意味になり、move forward で「前に進む、先に進む」という意味になります。

第24問

次の選択肢の中から正しいものを選びなさい。

(　　　) initial testing of the printer has been completed, the technical team will make necessary modifications.

- (A) Now that
- (B) Whether
- (C) Only if
- (D) Despite

単 語 の 意 味

initial [ɪníʃəl]······························最初の、初めの
complete [kəmplíːt]·····················〜を完了する、完成させる、仕上げる
technical [téknɪkl]·······················技術の
make modifications············修正する、変更する

解説

接続詞の問題です。

空欄以降コンマまでも、コンマ以降も、ともに節 [S（主語）+V（動詞）] です。

節と節を結ぶのは接続詞です。選択肢の中で接続詞の働きをするのは(A)Now that、(B)whether、(C)Only の 3 つです。(D)の Despite は前置詞なので、ここでは使えません。
3 つの中でどれが正解かは、英文の意味を考えなければなりません。

空欄以降コンマまででは「プリンターの初期テストが完了した」と言っていて、コンマ以降では「技術チームは必要な修正を加える」と言っています。これら 2 つの節を結んで文意が通るのは、(A)の Now that「今や～なので」しかありません。

now that は少しフォーマルな英文で使われることが多く、パート 7 の長文読解の問題文でも使われます。

訳

プリンターの初期テストが完了したので、技術チームは必要な修正を加えます。

英語の筋トレ 24

now that は「今や～なので」という意味で接続詞の働きをします。接続詞の働きをするので、節(S+V)と節(S+V)を結びます。

第25問

次の選択肢の中から正しいものを選びなさい。

Once it has been determined that the project is
(　　　), a formal proposal will be drafted and
submitted to the board.

(A) available

(B) conditional

(C) sustainable

(D) qualified

単 語 の 意 味

determine [dɪtə́ːrmən]‥‥‥‥‥‥～を判断する、決定する

proposal [prəpóuzl]‥‥‥‥‥‥提案書、提案

draft [drǽft]‥‥‥‥‥‥‥‥‥～を作成する、（下書き）を書く

submit [səbmít]‥‥‥‥‥‥‥～を提出する

board [bɔ́ːrd]‥‥‥‥‥‥‥‥理事会、取締役会、掲示板

解 説

語彙問題です。

語彙問題は英文を読み、全体の意味を考えなければなりません。

「プロジェクトが〜であると判断されると、正式な提案書が作成され、理事会に提出される」という英文で、「〜」部分に何を入れればいいのかを考えます。

(A)の available だと「プロジェクトが利用可能だと判断される」となり、(B)の conditional だと「プロジェクトが条件付きだと判断される」となり、(D)の qualified だと「プロジェクトが適任だと判断される」になり、いずれも文意が通りません。

(C)の sustainable「持続可能な」であれば、文意が通ります。

若干フォーマルな単語ですが、sustainable growth「持続可能な成長」や sustainable system「持続可能な制度」のようにビジネス関連の英文ではよく使われます。

訳

プロジェクトが持続可能であると判断されると、正式な提案書が作成され、理事会に提出されます。

英語の
筋トレ 25

sustainable は「持続可能な」という意味の形容詞です。

第26問

次の選択肢の中から正しいものを選びなさい。

As soon as the current sales figures are available, we will begin to (   ) this month's marketing report.

- (A) assume
- (B) accommodate
- (C) implement
- (D) compile

単 語 の 意 味

as soon as ～······················～するとすぐに
current [kə́ːrənt]······················現在の
sales figures··························売上高、販売数量
available [əvéɪləbl]··················入手できる、使用できる、利用できる

解説

適切な意味の動詞を選ぶ問題です。

適切な意味の動詞を選ぶ問題は語彙問題と同じで、英文を読んで、全体の意味を考えなければなりません。

「現在の売上高（の数字）が入手でき次第、われわれは今月のマーケティングレポートの〜をし始める」という英文で、「〜」部分にどの動詞を入れれば文意が通るかを考えます。

(D)の compile「（資料など）を編さんする、集める」を入れれば、「レポートの編さんをし始める」となり、文意が通ります。

パート3の会話問題などでは、問題文と選択肢の間で compile を同じ意味の put together で言い換える場合も多いので、一緒に覚えましょう。

(A)assume「〜と仮定する、〜を担う」、(B)accommodate「〜を収容する、適応させる」、(C)implement「〜を実行する、導入する」では文意が通りません。

訳

現在の売上高（の数字）が入手でき次第、われわれは今月のマーケティングレポートの編さんをし始めます。

英語の
筋トレ 26

compile には「（資料など）を編さんする、集める」という意味があり、put together で言い換えられる場合も多いです。

第27問

次の選択肢の中から正しいものを選びなさい。

The committee's main objective is to raise (　　) of the problems that human resources is experiencing when implementing staff training programs.

(A) awareness

(B) priority

(C) management

(D) functionality

単語の意味

committee [kəmíti] ················· 委員会
objective [əbdʒéktɪv] ··············· 目的、目標
raise [réɪz] ·························· 〜を高める、引き上げる
human resources ·············· 人事部、人材
implement [ímplɪmènt] ············· 〜を実行する、実施する

解 説

語彙問題です。

語彙問題は英文を読み、全体の意味を考えなければなりません。

「委員会の主な目的は、人事部が社員研修プログラムを実施する際に抱えている問題の〜を高めることだ」という英文の「〜」部分に入れて文意が通るのは何かを考えます。
大きなヒントは、空欄直前に置かれた raise「〜を高める、引き上げる」です。
raise awareness という表現は、マーケティング関連のレポートなどでよく使われるので、その種の英文を頻繁に目にしている人は raise (　) 部分をチェックしただけで(A)の awareness「認識、自覚」が正解だとわかります。

raise awareness で「認識を高める」という意味になります。
raise は他にも raise funds「資金を集める」、raise concerns「懸念を引き起こす」など、ビジネス関連の英文で頻繁に使われます。
TOEIC テストで出題される語彙は、以前に比べビジネス関連のものが増えています。

(B)priority「優先、優先事項」、(C)management「経営、管理」、(D)functionality「機能性」では文意が通りません。

訳

委員会の主な目的は、人事部が社員研修プログラムを実施する際に抱えている問題への認識を高めることです。

英語の
筋トレ 27

raise awareness で「認識を高める」という意味の表現で、マーケティング関連のレポートでよく使われます。

第28問

次の選択肢の中から正しいものを選びなさい。

Verizon Logistics normally requires customers to pay a $10 delivery charge, but the company made a special (　　) because of the delayed shipment.

- (A) addition
- (B) exception
- (C) acknowledgement
- (D) distinction

単 語 の 意 味

normally [nɔ́ːrm(ə)li] ················· 通常は、普通に
delivery charge ····················· 配達料、配送料
delayed [dɪléɪd] ······················· 遅延の
shipment [ʃípmənt] ················· 発送、出荷、発送品

解説

語彙問題です。

語彙問題は英文を読み、全体の意味を考えなければなりません。

「ベライゾン・ロジスティックスは通常、顧客に 10 ドルの配達料を支払うよう求めていますが、発送が遅れたため同社は特別の〜を行った」という英文で、「〜」部分に何を入れればいいのかを考えます。

「特別の〜を行った」理由が発送の遅れなので、通常要求する配達料を求めなかったのではないかと考えられます。
したがって、正解は(B)の exception「例外、除外」だとわかります。make an exception で「例外を設ける、別扱いにする」という意味になります。

発送が遅れたので配達料を求めないという話は TOEIC によく出題されます。
そのような英文でよく使われる単語に、waive「（権利などの主張を自発的に）放棄する、断念する」があり、waive を問う問題も出題されています。一緒に覚えましょう。

(A)addition「追加、付加」、(C)acknowledgement「承認、感謝」、(D)distinction「区別、差異」では文意が通りません。

訳

ベライゾン・ロジスティックスは通常、顧客に 10 ドルの配達料を支払うよう求めていますが、発送が遅れたため同社では特例を適用しました。

英語の
筋トレ 28

make an exception で「例外を設ける、別扱いにする」という意味になります。

3カ月で200点以上アップ！
パートごとに何を勉強したのか

製薬企業勤務　30代男性

2019年4月に、今の会社に転職しました。営業から本社異動するためにはTOEIC800点が必要なので、転職と同時に勉強を始めました。しかし、当初はなかなか点数が出ませんでした。

中村先生の教室に参加する前は、575点（L290　R285）（2019年5月26日受験）でした。

教室に行き始めた2019年8月から11月初旬までにかけては仕事が最も忙しい時期でしたので、当初は教室に通う時間すらないかなと考えておりました。実際、第5回と第7回は仕事の都合で欠席してしまいました。

この時期は週5日の車移動と週1〜2回の飛行機での出張があったので、机に向かう時間を確保するのが大変でした。

それでも、平日は平均1時間30分（朝30分、帰宅後60分）、休日で平均2時間の勉強時間を確保していました。それ以外に、車での営業移動時間にパート2, 3, 4の音声を流して確認していました。

その結果、8月21日から教室に通いだして3カ月後の11月24日の試験で800点（L410　R390）となり、目標の800点を達成することができました。

各パートの勉強法を振り返ってみます。

パート1　本番1週間前に公式問題集6冊の問題のみを1

回ずつ。

パート2 耳を慣らすために1日3回。

パート3 最初は授業を受けても復習もせずに、教室で教わった通りに一度マーカーで印を付けたら、車の中で流しながら聞くだけでした。

しかし、教室に通って1カ月経った9月29日に受験した結果、640点（L325 R315）という点数。テストの結果を確認した10月半ばあたりから、授業の内容をもう一度復習し、改めてポイントを確認するようにしました。その結果、先読みのリズムとキーセンテンスを、勉強する際に意識していなかったことに気が付きました。

そこで、公式問題集6冊の各パート3の解説をもう一度コピーし、再度マーカーを付けてポイントを確認しました。

そしてマーカーを引いた解説をもとに、1日2回は机の上で問題を解くようにしました。

パート4 パート3と同様の勉強方法です。10月半ば以降は、1日に必ずパート3と4を同時に勉強するようにしました。

パート5 『千本ノック！』シリーズのピンク、青、緑、白、赤（カバーの表紙の色）を全て2回実施しました。

さらに、本番1週間前に教室で配布された問題プリント10枚300問と、初回の授業で使用された文法のプリント「最重要問題」、「重要問題」、「参考問題」を1回ずつ解きました。

パート6 上記パート5の対策をしたのみで、特別の対策はしていません。

パート7 10月半ば以降に教室で教えてもらったように問題のジャンルを分けて（メール、記事、WEBサイトのように）、かつシングルパッセージ・ダブルパッセージ・トリプルパッセージを1日1セットずつ勉強しました。

その他 土日には3カ月間を通じて公式問題集6冊×2セットの模擬試験を2時間通して実施しました。

全力投球の

28問

短期間に集中して勉強するのが、
高得点ゲットのポイントです。
三者凡退は NG。
常に全力で向かいましょう！

第29問

次の選択肢の中から正しいものを選びなさい。

Companies were asked to submit bids in (　　) and send them by courier to our headquarters in Dallas.

(A)　wrote

(B)　written

(C)　write

(D)　writing

単語の意味

submit [səbmít]······················〜を提示する、提出する
bid [bíd]·································入札、付け値
courier [kə́:riər]······················（国際）宅配便、クーリエ便
headquarters [hédkwɔ̀:rtərz]···本社、本部

解説

名詞の問題です。

選択肢に似た形の単語が並んでいるので、品詞問題かもしれないと考えます。品詞問題の場合、空欄前後が重要になります。

空欄前には、前置詞の in が置かれています。
前置詞の後ろに続くのは名詞か名詞句なので、空欄には名詞が入ります。
選択肢の中で名詞は(D)の writing だけです。

writing は「文書、書類、書くこと」という意味の名詞です。
in writing「文書で、書面で」という表現は、ビジネスで頻繁に使われます。
in writing という慣用表現を知っていれば、品詞問題としてアプローチしなくても瞬時に解けます。

訳

企業は、入札額を書面で提示し、ダラス本社まで宅配便で送付するよう求められました。

**英語の
筋トレ 29**

前置詞の後ろには名詞か名詞句が続きます。
in writing で「文書で、書面で」という意味になります。

第30問

次の選択肢の中から正しいものを選びなさい。

This year, our company has introduced several new products, (　　) a printer, a scanner and a high resolution digital camera.

- (A) including
- (B) also
- (C) involved
- (D) nevertheless

単 語 の 意 味

introduce [ìntrəd(j)úːs]……………〜を売り出す、導入する
product [prάːdəkt]………………製品、生産品
resolution [rèzəlúːʃən]……………解像度、解決、解決策

解説

語彙問題です。

選択肢にはさまざまな品詞の異なる単語が並んでいます。
(A)including は「〜を含む」という意味の前置詞、(B)also は「〜もまた」という意味の副詞、(C)involved は「関係している」という意味の形容詞、(D)nevertheless は「それにもかかわらず」という意味の副詞です。
英文の意味を考えます。
文頭から空欄直前までで「今年当社は、いくつかの新製品を売り出した」と、空欄以降では「プリンター、スキャナー、高画質デジタルカメラ」と言っています。
文頭から空欄直前までが節(S+V)で、コンマ以降が名詞句なので空欄に副詞を入れることはできません。したがって、副詞である(B)also と(D)nevertheless は不正解です。
形容詞である(C)の involved は名詞句を修飾することはできますが、文頭から空欄直前までが節なので、節と名詞句をつなぐことはできません。
(A)の前置詞 including であれば、〈前置詞＋名詞句〉で修飾語になるので、節に続けて使うことができます。including を入れて意味を確認すると、「プリンター、スキャナー、高画質デジタルカメラを含むいくつかの新製品を売り出した」となり、意味もつながります。したがって、(A)の including が正解です。
including は、この英文のように〈「名詞」, including A, B and C〉「A、B、C を含む〜（＝名詞）」の形で使われることも多いです。

訳

今年当社は、プリンター、スキャナー、高画質デジタルカメラを含むいくつかの新製品を売り出しました。

英語の
筋トレ 30

including は「〜を含む」という意味の前置詞で、〈「名詞」, including A, B and C〉「A、B、C を含む〜（＝名詞）」の形で使われることも多いです。

第**31**問

次の選択肢の中から正しいものを選びなさい。

Customers who have earthquake insurance want
to be paid as (　) as possible after an earthquake
so that they can begin to rebuild their lives.

(A)　quick

(B)　quicker

(C)　quickest

(D)　quickly

単 語 の 意 味

customer [kʌ́stəmər]……………顧客、取引先
earthquake [ə́ːrθkwèɪk]…………地震
insurance [ɪnʃúərəns]……………保険
so that ～ can ...………………～が…できるように

解 説

副詞問題です。

as 〜 as possible は「できるだけ〜」という意味のイディオム
です。「〜」部分には、形容詞が入ることもあれば、副詞が入
ることもあります。

どちらが入るかは、使われている動詞で判断します。be 動詞
であれば形容詞、一般動詞であれば副詞が入ります。

この英文の動詞部分は be paid と受動態になっていますが、一
般動詞に変わりありません。動詞を修飾するのは副詞です。し
たがって、副詞である (D) の quickly「迅速に」が正解です。

is paid の is（be 動詞部分）だけを見て、間違って形容詞の
quick を選ぶ人がいます。ひっかからないように気を付けまし
ょう。

as 〜 as possible という表現の possible を問う語彙問題として
出題されたこともあります。

訳

地震保険の被加入者は、生活を立て直せるように、地震の後、できるだけ
早く保険金を支払ってほしいと望んでいます。

英語の
筋トレ 31

as 〜 as possible の「〜」部分には、形容詞が入るこ
ともあれば、副詞が入ることもあります。使われてい
る動詞が be 動詞の場合は形容詞、一般動詞の場合は
副詞が入ります。is paid と受動態になっていても、
一般動詞です。

Lesson 2 全力投球の28問 78-79

第32問

できたら…○
できなかったら…×

次の選択肢の中から正しいものを選びなさい。

There is a new distribution center (　　) situated within a short driving distance of three large business districts.

    (A) specifically

    (B) effectively

    (C) conveniently

    (D) approximately

単 語 の 意 味

distribution center ……………流通センター、配送センター
situate [sítʃuèit] ……………………（ある場所に）〜を置く、〜の位置を定める
distance [dístəns] …………………距離、間隔
business district ………………商業地域、商業地区

解説

適切な意味の副詞を選ぶ問題です。

選択肢にはさまざまな副詞が並んでいるので、適切な意味の副詞を選ぶ問題だとわかります。英文の意味を考えて文意に合う副詞を選ばなければならないので、語彙問題に似ています。

「3つの大きな商業地区から車ですぐの場所に〜置かれた新しい流通センターがある」という英文で、「〜」部分に入れて文意が通る副詞は何かを考えます。
(C)の conveniently「便利に、好都合なことに」であれば、文意が通ります。

過去に、(　) located という表現で、conveniently を入れる問題が出題されたことがありました。この表現で使われている過去分詞 located と、この英文で使われている situated は同じ意味です。
located に比べると、situated の方が少しだけ難しいかもしれません。
ヒント語として使われる単語が変わっただけで、(　) located の場合と同じ問題です。

(A)specifically「明確に、特に」、(B)effectively「効果的に、有効に」、(D)approximately「およそ、約」では文意が通りません。

訳

新しい流通センターは、3つの大きな商業地区から車ですぐの便利な場所にあります。

英語の筋トレ 32　conveniently は「便利に、好都合なことに」という意味の副詞です。

第33問

次の選択肢の中から正しいものを選びなさい。

If sales representatives do not achieve their quotas by the end of this fiscal year, it could be very (　　) for those who have been expecting an achievement bonus.

(A) problematically

(B) problem

(C) problematic

(D) problematized

単 語 の 意 味

sales representative ············· セールスマン、営業担当者
quota [kwóutə] ························· ノルマ、割り当て（量）
fiscal year ······························ 会計年度
those who 〜 ························· 〜である人々、〜する人々
achievement [ətʃíːvmənt] ······· 業績、達成

解説

形容詞の問題です。

選択肢に似た形の単語が並んでいるので、品詞問題かもしれないと考えます。品詞問題の場合、空欄前後が重要です。

空欄の少し前に be 動詞があります。
be 動詞の後ろには名詞か形容詞が続きます。名詞である (B) の problem「問題」が正解であれば、空欄前に副詞の very を置くことはできません。副詞は名詞を修飾しないからです。
形容詞である (C) の problematic「問題のある」が正解であれば、形容詞を修飾する副詞としての very を空欄直前に置くことができます。
したがって、正解は (C) の problematic だとわかります。
(C) の problematic は状態を表す形容詞で補語になり、文意も通ります。

be 動詞に続く形容詞を入れる問題で、力のない人を戸惑わせようと be 動詞と形容詞の間に形容詞を修飾する副詞が置かれることはよくあります。
問題のポイントは何かを瞬時に把握することが大事です。

訳

今年度末までにノルマを達成しない場合、業績連動ボーナスを当てにしていたセールスマンには大変な問題になります。

英語の
筋トレ 33

be 動詞の後ろには形容詞が続くという点が問われる問題です。この問題のように be 動詞と形容詞の間に形容詞を修飾する副詞が置かれている場合もよくあるので、気をつけましょう。

第**34**問

次の選択肢の中から正しいものを選びなさい。

Clean Cut Landscaping will receive the same amount that it was (　　) paid for grass-cutting services and lawn maintenance.

(A) relatively

(B) steadily

(C) absolutely

(D) previously

単 語 の 意 味

landscaping [lǽndskèɪpɪŋ]……… 造園
amount [əmáunt]………………… （金）額、量
pay A for 〜…………………… A に〜の代金を支払う
lawn [lɔ́ːn]…………………………… 芝生、芝地
maintenance [méɪntənəns]…… 維持管理、メンテナンス

解 説

適切な意味の副詞を選ぶ問題です。

選択肢にはさまざまな副詞が並んでいるので、適切な意味の副詞を選ぶ問題だとわかります。英文の意味を考えて文意に合う副詞を選ばなければならないので、語彙問題に似ています。

「クリーンカット・ランドスケーピングは、草刈りサービスと芝生の手入れに〜支払われていたのと同じ額を受け取る」という英文で、「〜」部分に入れて文意が通る副詞は何かを考えます。
(D)の previously「以前に、前に」であれば、文意が通ります。

(A)relatively「比較的、相対的に」、(B)steadily「着実に、着々と」、(C)absolutely「絶対的に、完全に」では文意が通りません。

形容詞の previous「以前の」も語彙問題として出題されていますので、一緒に覚えましょう。

このような問題は、単語の意味を知っているだけではダメで、空欄の少し前に置かれた that が関係代名詞の目的格であることがわからなければ、文意がつかめません。英文を読んできちんと意味をつかむ力も求められます。

訳

クリーンカット・ランドスケーピングは、草刈りサービスと芝生の手入れに以前支払われていたのと同じ額を受け取ります。

英語の筋トレ 34

previously は「以前に、前に」という意味の副詞です。

第**35**問

次の選択肢の中から正しいものを選びなさい。

Staff (　　) hired in the plant are distributed a full set of safety wear that must be worn at all times when operating machinery inside the facility.

(A) immediately

(B) especially

(C) effectively

(D) newly

単 語 の 意 味

hire [háɪər]······························ ～を雇う
distribute [dɪstríbjət]··············· ～を配布する、配送する、配達する
at all times···························· 常に、いつも
operate [á:pərèɪt]····················· ～を操作する、運転する
machinery [məʃí:nəri]··············· 機械類、機械装置
facility [fəsíləti]······················· 施設、設備

解説

適切な意味の副詞を選ぶ問題です。

選択肢にはさまざまな副詞が並んでいるので、適切な意味の副詞を選ぶ問題だとわかります。英文の意味を考えて文意に合う副詞を選ばなければならないので、語彙問題に似ています。

この問題は主語である Staff (　) hired in the plant 部分をチェックするだけで、ある程度正解候補を絞ることができます。
immediately hired「即座に雇われた」や effectively hired「効果的に雇われた」という言い方はしないため、正解は(D)の newly「新たに、最近」ではないかと推測できます。
(B)の especially「特に」に似た単語の specially「特に」であれば「ある目的のためにわざわざ」というニュアンスがあるので正解候補になりますが、especially にはそのようなニュアンスはありません。各英単語がもっているニュアンスを知るには、いかに多くの英文を読んでいるかが鍵になります。
newly を空欄に入れて英文を読むと、「工場で新しく雇われたスタッフには、施設内で機械の操作中は常に着用が義務付けられている安全保護具一式が配布される」となり文意が通ります。正解は(D)の newly です。
newly hired staff/employees という表現はよく使われるので、それを知っていれば、staff を主語にして過去分詞の hired が後ろから staff を修飾している staff (newly) hired という表現が使われても正解を選べるはずです。

訳

工場で新しく雇われたスタッフには、施設内で機械の操作中は常に着用が義務付けられている安全保護具一式が配布されます。

英語の
筋トレ35

staff newly hired で「新しく雇われたスタッフ」という意味になります。

第36問

次の選択肢の中から正しいものを選びなさい。

Because of its (　　) experience in the field of chemical development, RM Industries has decided to expand into the tire industry.

(A)　durable

(B)　mutual

(C)　mandatory

(D)　extensive

単 語 の 意 味

field [fíːld]····································· 分野
chemical [kémɪkl]····················· 化学品
expand into····························· 〜に拡大する、発展させる

難易度… ★★★☆☆

解説

語彙問題です。

語彙問題は英文を読み、全体の意味を考えなければなりません。

「化学品開発分野での〜経験を理由に、RM インダストリーズではタイヤ産業への進出を決めた」という英文で、「〜」部分に何を入れればいいのかを考えます。

(A)durable「耐久性のある」、(B)mutual「相互の」、(C)mandatory「命令の」だと空欄後の experience「経験」とつながりません。

(D)の extensive「広範囲に及ぶ」であれば、文意が通ります。extensive experience「広範囲に及ぶ経験」は求人広告で頻繁に使われる表現で、他のパートでもよく使われます。extensive は品詞問題としても出題されます。

訳

化学品開発分野での幅広い経験を理由に、RM インダストリーズではタイヤ産業へ進出することに決めました。

英語の筋トレ 36

extensive experience「広範囲に及ぶ経験」は、TOEIC テスト頻出の求人広告で求人条件を示す際にもよく使われます。

第**37**問

次の選択肢の中から正しいものを選びなさい。

The party ended with the manager's speech (　) the marketing team members for the success of the campaign.

(A) praiseful
(B) praises
(C) praised
(D) praising

単 語 の 意 味

end with 〜……………………〜で終了する

解 説

分詞の問題です。

分詞には現在分詞（〜ing）と過去分詞（〜ed）があります。
両方とも形容詞的に用いられることが多いです。
分詞は形容詞の働きをするので、名詞を修飾します。

現在分詞は「〜している、〜する」という能動的な意味になり、過去分詞は「〜された、〜される」という受動的な意味になる場合が多いです。

空欄前後を訳してみると、「たたえているスピーチ、褒めているスピーチ」とつなげるのが自然だとわかります。「〜している、〜する」という能動的な意味は現在分詞で表しますので、(D)の praising が正解です。

分詞の使い方としては、修飾する「名詞の前に来る」用法と、「名詞の後ろに来る」用法があります。この英文では修飾する名詞の後ろに分詞が来ています。分詞を含む2語以上の修飾語の場合は、後ろから名詞を修飾するのが一般的なルールです。

訳

マーケティングチームのメンバーのキャンペーンの成功をたたえるマネージャーのスピーチでパーティーは終了しました。

英語の
筋トレ 37

分詞は形容詞の働きをし、名詞を修飾します。「〜している、〜する」と能動的な意味になる場合には、現在分詞を使います。

第**38**問

次の選択肢の中から正しいものを選びなさい。

(　　) most of the back office work has improved productivity so much that there is no need to work overtime anymore.

- (A) Automating
- (B) Automates
- (C) Automation
- (D) Automated

単 語 の 意 味

improve [ɪmprúːv]…………………〜を向上させる、改善する
productivity [pròudʌktívəti]…… 生産性
overtime [óuvərtàim]……………時間外に、規定時間を超えて
anymore [ènimɔ́ːr]………………もはや、これ以上

難易度… ★ ★ ★ ☆ ☆

解説

動名詞の問題です。

この英文の主語は (　　) most of the back office work で、動詞部分は has improved です。

主語になるのは名詞か名詞句なので、(　　) most of the back office work 部分は名詞句になるはずです。この部分を名詞句にするには、動名詞である (A) の Automating を入れれば正しい英文になります。

動名詞は、動詞を〜 ing 形にすることで名詞的な役割を持たせたもので「〜すること」という意味になります。したがって、動名詞は文の主語や補語、目的語になります。この英文では主語になっています。

動名詞関連の問題では、他にも前置詞に続く動名詞や、他動詞に続く目的語としての動名詞が問われる場合もあります。

訳

バックオフィス業務の大部分を自動化することで生産性が大幅に向上したため、もはや残業の必要がなくなりました。

英語の
筋トレ 38

automating は動名詞で「〜を自動化すること」という意味になります。動名詞は、動詞を〜 ing 形にすることで名詞的な役割を持たせたものです。

第39問

できたら…○
できなかったら…×

次の選択肢の中から正しいものを選びなさい。

(　　) confirming a deposit of $500, our bookings department will send you an email indicating the details of your reservation.

(A)　Along

(B)　Within

(C)　Upon

(D)　Across

単 語 の 意 味

confirm [kənfə́ːrm]·················〜を確認する、確かめる
deposit [dɪpɑ́ːzət]················手付金、保証金、頭金
indicate [índɪkèɪt]·················〜を指し示す、表す
details [díːteɪlz]························(複数形で) 詳細
reservation [rèzərvéɪʃən]·········予約

解説

前置詞の問題です。

空欄直後に動名詞がきているので前置詞を入れればいいとわかりますが、選択肢は全て前置詞です。

前置詞の問題の場合、空欄前後をチェックするだけで解ける問題と、少し長めに英文を読まなければならない問題があります。この問題は空欄前後をチェックするだけで解けます。

( ) confirming a deposit of $500 部分をチェックするだけで、正解は「〜次第、〜後に」という意味で使われる(C)の Upon だとわかります。upon confirming で「確認次第、確認後に」という意味になります。
この意味での upon は、upon arrival「到着次第」、upon purchase「購入次第」、upon request「要請があれば」などのように、さまざまな場面で使われます。

「〜次第、〜後に」という意味の upon は on で言い換えることもできますが、upon の方がよりフォーマルです。

訳

500ドルの預り金を確認した後、予約課からお客様の予約内容が記載されたメールをお送りします。

**英語の
筋トレ 39**

upon には「〜次第、〜後に」という意味があります。同じ意味で on を使うこともできますが、upon の方がフォーマルです。

第**40**問

次の選択肢の中から正しいものを選びなさい。

Our company (　　) Rose Laundry Services to clean staff uniforms and kitchen towels until they increased their rates substantially last year.

- (A)　had been using
- (B)　has used
- (C)　will use
- (D)　used

単 語 の 意 味

increase [ɪnkríːs]······················～を増大させる、増やす
rate [réɪt]··································料金
substantially [səbstǽnʃəli]······大幅に、十分に

解 説

時制の問題です。

選択肢には use のさまざまな時制が並んでいます。
接続詞 until に続く従属節では until they increased their rates substantially last year と、過去の一時点を表す過去形が使われています。
ここで使われている接続詞は継続を表す until「～まで」なので、主節内にある空欄に入る動詞の時制は、過去の一時点までの動作の継続を表すものだとわかります。

過去の一時点とそれ以前の過去をつなげて表す場合には、過去完了形を使います。したがって、(A)の had been using が正解だとわかります。

過去完了形は〈had＋過去分詞〉ですが、ここではさらに had の後ろが進行形になっています。

現在完了形と同じで、過去完了形にも「完了・結果」、「経験」、「継続」などがあります。過去完了形の問題は頻出ではありませんが、「継続」以外に「完了」を表す問題も出題されます。

訳

昨年、料金が大幅に値上げされるまで、当社では従業員の制服とキッチンのタオルのクリーニングにローズ・ランドリー・サービスを利用していました。

**英語の
筋トレ 40**

現在完了形は過去と今をつなげて表す場合に使われますが、過去完了形は過去の一時点とそれ以前の過去をつなげて表す場合に使われます。

第41問

できたら…○
できなかったら…×

次の選択肢の中から正しいものを選びなさい。

When booking a facility for next year's conference, we should look for (　　) that is equipped with a wireless environment.

(A) one

(B) it

(C) what

(D) some

単 語 の 意 味

facility [fəsíləti]‥‥‥‥‥‥‥‥‥‥‥‥ 施設、設備
be equipped with ～‥‥‥‥‥‥ ～が備えられている

難易度… ★ ★ ★ ☆ ☆

解説

代名詞の問題です。

英文を読むと空欄に入るのは a facility だとわかります。英語では同じ単語が英文の中で繰り返し使われるのを嫌うため、既に出た名詞の繰り返しを避けるために代名詞の one を使います。

代名詞の one は、a/an ＋名詞の代わりに使われます。したがって、a facility を指す（A）の one が正解です。

one が使われるのは、不特定の１つ／１人を指す場合で、特定のものを指す場合には one ではなく it を使います。it が問題として問われることもあるので、it と one の使われ方の違いを覚えましょう。

代名詞の one は、リスニングセクションのパート２「応答問題」でも選択肢の英文で頻繁に使われます。

訳

来年の会議用に施設を予約するときには、ワイヤレス環境の整っている場所を探すべきです。

英語の 筋トレ 41

同じ名詞が繰り返される場合、既に出た名詞の繰り返しを避けるために代名詞を使います。a/an ＋名詞の代わりに使われるのは代名詞の one です。

第42問

次の選択肢の中から正しいものを選びなさい。

The spokesperson thanked attendees (　　) the organizer for making the fifth annual medical conference such a great success.

- (A) in exchange for
- (B) with regard to
- (C) on behalf of
- (D) at the expense of

単 語 の 意 味

spokesperson [spóukspə̀ːrsn] … 広報担当者
attendee [ətèndíː] … 出席者
organizer [ɔ́ːrgənàizər] … 主催者、事務局

解説

イディオムの問題です。

選択肢にはさまざまなイディオムが並んでいます。英文全体の意味を考えて正解を選ばなければなりません。

「第5回年次医療会議が大成功を収められたことに対し、広報担当は主催者〜、出席者に謝意を述べた」という意味の英文で、「〜」部分に入れて文意が通るのはどれか考えます。

(C)の on behalf of「〜を代表して」であれば、文意が通ります。

on behalf of は「〜を代表して、〜の代わりに、〜の代理で」という意味のイディオムです。「〜を代表して」という意味での on behalf of は on behalf of the company「会社を代表して」のように、会議などの冒頭のあいさつで頻繁に使われます。「〜の代わりに、〜の代理で」という意味でもよく使われますが、TOEIC テストでは「〜を代表して」という意味で出題されることが大半です。

(A)の in exchange for は「〜と交換に」、(B)の with regard to は「〜に関しては」、(D)の at the expense of は「〜を犠牲にして」という意味になるので、文意が通りません。

訳

第5回年次医療会議が大成功を収められたことに対し、広報担当は主催者を代表して出席者に謝意を述べました。

英語の筋トレ 42　on behalf of は「〜を代表して、〜の代わりに、〜の代理で」という意味です。ビジネスで必須のイディオムです。

第**43**問

次の選択肢の中から正しいものを選びなさい。

Although Eastman Furniture's sales figures started off strong in January, the amounts at the end of the quarter (　　).

(A) to disappoint

(B) was disappointing

(C) were disappointing

(D) disappointingly

単 語 の 意 味

sales figure(s) ···················· 売上高、販売数
amount [əmáunt] ···················· 金額、量
quarter [kwɔ́ːrtər] ···················· 四半期、四分の一

解説

主語と動詞の一致の問題＋分詞の問題です。

この英文の主語は the amounts と複数名詞です。
amounts に続く at the end of the quarter 部分は、前置詞＋名詞句になっているので修飾語です。この部分をカッコでくくると、空欄部分には動詞が入るはずだとわかります。

主語が複数名詞なので、(B)の was disappointing は使えません。(A)の to disappoint は to 不定詞で、(D)の disappointingly は副詞なので、動詞として機能しません。
残ったのは(C)の were disappointing だけです。

主語が the amounts「金額（売上高）」なので、「売上高が思わしくない」となるのではと推測します。「〜が思わしくない」という場合には、be 動詞に続くのは現在分詞です。
したがって、(C)の were disappointing が正解だとわかります。
分詞の中には既に形容詞として扱われているものもあり、disappointing も既に形容詞になっています。

どの単語が既に形容詞になっているのかを把握するのは難しいので、分詞の問題として考えてもいいでしょう。

訳

イーストマン・ファニチャーの売上高は１月に好調な出だしを見せたものの、四半期末の売上高は思わしくありませんでした。

英語の
筋トレ 43

選択肢の中で複数名詞が主語の場合に使える動詞は were だけです。売り上げが思わしくないという場合には、現在分詞の disappointing を使います。

できたら…○
できなかったら…×

次の選択肢の中から正しいものを選びなさい。

The newly discovered bacterium is so small that it can only be seen (　　　) placed under a sophisticated microscope.

- (A)　when
- (B)　even
- (C)　although
- (D)　rather

単 語 の 意 味

newly [n(j)úːli] ……………………… 新しく、新たに
discover [dɪskʌ́vər] ……………… ～を発見する、見いだす
bacterium [bæktíəriəm] ………… バクテリア
place [pléɪs] ……………………… ～を置く
sophisticated [səfístɪkèɪtɪd] …… 精巧な、高度な
microscope [máɪkrəskòup] …… 顕微鏡

解 説

接続詞の問題です。

空欄の後ろには placed という過去分詞が置かれています。
ここでは、it is（主語＋動詞）が省略されていると考えます。

(B)の even と (D)の rather は副詞なので、正解は(A)の when
か(C)の although のどちらかです。

省略された it is を入れてみると、although (it is) placed …では
文意が通りません。when (it is) placed …であれば「最先端の顕
微鏡の下に置かれたときだけ見ることができる」となり、文意
が通ります。したがって、(A)の when「〜するときに」が正
解です。

when は when placed のように it is が省略された形で使われる
ことも多いです。

訳

新しく発見されたバクテリアは非常に小さく、最先端の顕微鏡の下でしか
見ることができません。

英語の
筋トレ 44

空欄の後ろに it is が省略されていることに気付けば
簡単に解ける問題です。

第45問

次の選択肢の中から正しいものを選びなさい。

Penguin Packages Service (　　) fees when drivers are late or if they are unable to make a safe delivery due to bad weather.

(A)　fixes

(B)　alleviates

(C)　waives

(D)　substitutes

単 語 の 意 味

fee [fíː]······························料金、手数料
late [léit]·····························遅れた、遅い
be unable to ～·····················～することができない
delivery [dilívəri]······················配達、配送
due to ～···························～のせいで、～が原因で

解説

適切な意味の動詞を選ぶ問題です。

適切な意味の動詞を選ぶ問題は語彙問題と同じで、英文を読んで、全体の意味を考えなければなりません。
「ペンギン・パッケージ・サービスでは、ドライバーが遅れた場合や悪天候で安全に配達ができない場合、料金を〜」という英文で、「〜」部分にどの動詞を入れれば文意が通るかを考えます。

意味を考えれば、料金を免除する、料金を請求しない、のような内容になると推測できます。
したがって、正解は(C)の waives です。waive は「(権利、請求権など)を放棄する、断念する」という意味の少しフォーマルな動詞ですが、ビジネス必須単語です。
waive fees はビジネス関連の英文で頻繁に使われる表現で、パート6の長文穴埋め問題やパート7の読解問題でも時々使われます。
waive fees は店や会社側に問題があり、配送料の請求を放棄して無料にするという場合に使われることが多いです。

(A)fixes「修理する、決める、固定する」、(B)alleviates「〜を軽減する、緩和する」、(D)substitutes「〜を代わりにする、代用する」では文意が通りません。

訳

ペンギン・パッケージ・サービスでは、ドライバーが遅れた場合や悪天候で安全に配達ができない場合、料金を請求しません。

英語の筋トレ45

waive は「(権利、請求権など)を放棄する、断念する」という意味の動詞で、waive fees「料金の請求をしない」という表現で使われることが多いです。

第 **46** 問

次の選択肢の中から正しいものを選びなさい。

(　　) the merchandise not meet your needs, you can bring it back to any retail location within 30 days of purchase for an exchange or a full refund.

(A) Should

(B) Except

(C) Even though

(D) If

単 語 の 意 味

merchandise [mɑ́:rtʃəndàɪz] …… 商品、品物
retail location ……………………… 小売り店
purchase [pə́:rtʃəs] ………………… 購入、取得
exchange [ɪkstʃéɪndʒ] …………… 交換、取り替え
refund [rí:fʌnd] …………………… 払い戻し、返金

解 説

仮定法未来の問題です。

注意を要する文法問題です。コンマの前後に節があるので、それをつなぐことができそうな選択肢を探してしまいがちです。

しかし、the merchandise not meet your needs 部分を見ると、the merchandise という三人称単数の主語に対して、does はなく not しかありません。

仮定法未来の倒置形だと気付けば、(A)の Should が正解だとわかります。問題文は下記のようになります。

(Should) the merchandise not meet your needs, you can bring it back to any retail location within 30 days of purchase for an exchange or a full refund.

上記の文は、仮定法未来の if を省略し、主語と助動詞 should を倒置させたもので、元の文は If the merchandise (should) not meet your needs, ... です。

仮定法未来とは、if 節に should を入れることで、「万一〜すれば」の意味で使われる用法です。仮定法未来はビジネス関連の手紙やメールでよく使われます。

not がない肯定文での出題は過去にありましたが、not が付いている否定文での出題となるとさらに難しくなります。というのは、問題のポイントに気が付くのに時間がかかるからです。

訳

万が一商品がお客様のニーズにそぐわない場合、ご購入から 30 日以内にいずれかの店舗にご返品いただければ、交換または全額を払い戻しいたします。

英語の
筋トレ 46

If S should V 〜, の形で「万一〜すれば」という意味になり、仮定法未来と呼ばれています。
if を省略し Should S V 〜, の倒置形で使われることも多いです。この英文では should の部分が should not と否定形になっています。

第47問

次の選択肢の中から正しいものを選びなさい。

The news Web site Accu-travel is updated every minute and shows the (　　) arrival time of each domestic and international flight.

- (A) prepared
- (B) authorized
- (C) anticipated
- (D) allowed

単 語 の 意 味

update [ʌ̀pdéɪt]······················· 〜を更新する、最新の状態にする
arrival time································ 到着時刻
domestic [dəméstɪk]················ 国内の、自国の、国産の

解説

語彙問題です。

語彙問題は英文を読み、全体の意味を考えなければなりません。
「新しいウェブサイト、Accu-travel は毎分更新され、国内線と国際線の各便の〜到着時間を表示する」と言っている英文で、「〜」部分に入れて文意が通るものは何かを考えます。

この問題の場合、shows the ( ) arrival time of each domestic and international flight 部分、さらに力があれば ( ) arrival time 部分をチェックするだけで、正解は(C)の anticipated「予想される、予想された」だとわかります。
anticipated は「予想される、予想された」という意味の形容詞です。anticipated arrival time で「予想到着時刻」という意味になります。

(A)prepared「準備が整った」、(B)authorized「認可された」、(D)allowed「許可された」では、文意が通りません。

訳

新しいウェブサイト、Accu-travel は毎分更新され、国内線と国際線の各便の予想到着時刻を表示します。

英語の
筋トレ 47

anticipated は「予想される、予想された」という意味の形容詞です。

第48問

次の選択肢の中から正しいものを選びなさい。

The exact details of the proposed merger with Ace Electronics will be (　　) at the annual shareholders meeting in July.

- (A) revealed
- (B) maintained
- (C) sustained
- (D) resolved

単 語 の 意 味

exact [ɪgzǽkt]··························· 正確な、的確な
details [díːteɪlz]······················ （複数形で）詳細
proposed [prəpóuzd]··············· 提案されている、～案
merger [máːrdʒər]····················· 合併
annual [ǽnjuəl]························· 年次の、年に一度の
shareholders meeting········· 株主総会

解説

適切な意味の動詞を選ぶ問題です。

適切な意味の動詞を選ぶ問題は語彙問題と同じで、英文を読んで、全体の意味を考えなければなりません。

「エース・エレクトロニクスとの合併案に関する正確な詳細は、7月の定時株主総会で〜」という英文の「〜」部分が will be ( ) で、受動態になっています。
主語が the exact details「正確な詳細」なので、reveal「〜を明らかにする」の過去分詞である(A)の revealed を入れて will be revealed と受動態にすれば、「正確な詳細が明らかにされる」となり、文意が通ります。
したがって、正解は(A)の revealed です。

maintain「〜を維持する、保つ」、sustain「〜を持続する、〜に耐える」、resolve「〜を解決する、解く」の過去分詞である(B)maintained、(C)sustained、(D)resolved では文意が通りません。

訳

エース・エレクトロニクスとの合併案に関する正確な詳細は、7月の定時株主総会で明らかにされます。

英語の
筋トレ 48

reveal は「〜を明らかにする」という意味の他動詞で、ビジネス関連の英文でよく使われます。

第**49**問

次の選択肢の中から正しいものを選びなさい。

The first of two phases of the project has been completed on schedule, so now the development team can begin to work on the (　　).

    (A)　another

    (B)　more

    (C)　other

    (D)　each

単 語 の 意 味

phase [féɪz]·······························段階、局面
complete [kəmplíːt]···············～を完了する、終了する、仕上げる
on schedule·······················予定通りに、定時に
work on ～·····························～に取り組む、従事する

解説

代名詞の問題です。

the first of two phases of the project「プロジェクトの二段階のうち第一段階」という表現から、段階は二つだけだということがわかります。

「二つのものの一方」は通常 one（この問題では the first）で表し、「残ったもう一方」は the other で表します。したがって、(C) の other が正解です。

もし、三つのものの中であれば、通常一つ目を one、不特定のもう一つを another、そして残った最後の一つは、やはり the other となります。最後に残った一つは、必ず特定できるので、定冠詞を使って the other となります。

三つ以上ある場合は、一つ目が one、残りが the others となります。残りは特定できるので定冠詞を使いますが、複数あるので the others となります。
三つ以上ある場合で、この the others を問う問題も出題されています。

訳

プロジェクトの二段階のうち第一段階が予定通りに終了したので、開発チームはもう一段階の方に取り掛かることができます。

英語の
筋トレ 49

文中に出てくるものが二つ（二人）の場合、「最初の一方（一人）」を one、「残りのもう一方（一人）」を the other で表します。

第50問

次の選択肢の中から正しいものを選びなさい。

Machine software was upgraded and equipment was modified, (　　) increasing the capacity of all three production lines.

(A) nevertheless

(B) quite

(C) thus

(D) so that

単 語 の 意 味

upgrade [ʌ́pgrèɪd]·····················〜をアップグレードする、〜の性能を高める
equipment [ɪkwípmənt]···········機器、機材
modify [máːdəfàɪ]·····················〜を変更する、修正する
capacity [kəpǽsəti]·················生産能力、生産量
production line·····················生産（製造）ライン

解説

適切な意味の副詞を選ぶ問題です。

文頭からコンマまでは節(S+V)になっていて、「機械のソフトウェアがアップグレードされ、設備が変更された」と言っています。

空欄以降を読むと、空欄直後に it is が省略されていると推測できます。it is を補うと、空欄以降の意味は「それが3つの製造ライン全ての生産量が増加させている」という意味になります。

コンマの後ろに置いて、これら2つの文章をつないで使えるのは接続副詞です。副詞でありながら接続詞のように使うことができるのが接続副詞です。
選択肢に並んだ副詞の中で、接続副詞は(A)の nevertheless 「それにもかかわらず」と(C)の thus 「それゆえ、だから」だけです。
nevertheless では文意が通りませんが、thus だと文意が通るので、(C)の thus が正解だとわかります。

(D)の so that は接続詞の働きをするので、so that が正解であれば空欄前のコンマは必要ありませんし、so that だと空欄直後に it is を省略することはできません。また文意も通りません。

訳

機械のソフトウェアがアップグレードされ、設備が変更されたことにより、3つの製造ライン全ての生産量が増加しています。

**英語の
筋トレ 50**　　副詞でありながら接続詞のように使うことができるのが接続副詞です

第**51**問

次の選択肢の中から正しいものを選びなさい。

Security procedures will remain unchanged, (   ) staff will require newly issued ID badges when entering the building.

(A) while

(B) except that

(C) as long as

(D) in order to

単 語 の 意 味

procedure [prəsíːdʒər]············ 手順、手続き
newly issued··················· 新たに発行された

解説

イディオムの問題です。

文頭からコンマまでも、コンマ以降も節(S+V)です。(D)の in order to は後ろに動詞の原形が続き、「〜するために」という意味になるので、不正解です。

文頭からコンマまでで「セキュリティ検査の手順は変わらない」と言っていて、空欄以降では「スタッフはビルに入るときに新しく発行された ID バッジを必要とする」と言っています。
これら二文をつないで文の意味が通るのは、(B)の except that だけです。
that+S+V で「S が V するということ」となるので、that staff will require newly issued ID badges when entering the building 部分が「スタッフはビルに入るときに新しく発行された ID バッジを必要とするということ」となります。
この接続詞 that の前に前置詞の except「〜を除いて」を置けば「スタッフはビルに入るときに新しく発行された ID バッジを必要とするということを除いて」となり、文意が通ります。

except that は「(that 以下)であることを除いては」という意味のイディオムとして頻繁に使われています。イディオムとしての except that を知っていれば、瞬時に正解を選べます。

訳

スタッフはビルに入るときに新しく発行された ID バッジが必要であることを除いて、セキュリティ検査の手順は変わりません。

英語の
筋トレ 51

except that で「(that 以下)であることを除いては」という意味になり、後ろには節(S+V)が続きます。

第52問

次の選択肢の中から正しいものを選びなさい。

Our technicians can correct almost any (　　) in a leather handbag, including stitching, scratches, zippers, and straps.

- (A) production
- (B) risk
- (C) fabrication
- (D) flaw

単 語 の 意 味

correct [kərékt]······················ ～を直す、訂正する
almost [ɔ́:lmoust]······················ ほとんど、大体
including [ɪnklú:dɪŋ]················ ～を含む、含めて
stitching [stítʃɪŋ]····················· 縫い目
scratch [skrǽtʃ]······················ 引っかき傷
zipper [zípər]···························· ファスナー、ジッパー、チャック
strap [strǽp]···························· ひも、ストラップ

難易度… ★ ★ ★ ★ ☆

解説

語彙問題です。

語彙問題は英文を読み、全体の意味を考えなければなりません。

「当社の技術者は、縫製、キズ、ファスナー、ひもなどを含む革製ハンドバッグのほぼあらゆる〜を直すことができる」という英文で、「〜」部分に何を入れればいいのかを考えます。

(A)production「生産（物）」だと「生産（物）を訂正する」、(B)risk「危険」だと「危険を訂正する」、(C)fabrication「製作」だと「製作を訂正する」となり、文意が通りません。

(D)flaw「不具合、欠陥、不備」であれば、「不具合／傷を直す」となり文意が通ります。

flaw は、パート 5 で出題される defect と似た意味で、ビジネス必須単語です。特にメーカーでよく使われます。パート 7 の読解問題などにも出てくる単語です。

訳

当社の技術者は、縫製、キズ、ファスナー、ひもなどを含む革製ハンドバッグのほぼあらゆる不具合を直すことができます。

英語の
筋トレ 52

flaw「不具合、欠陥、不備」は、TOEIC 重要単語である defect と似た意味の名詞で、特にメーカーでよく使われます。

第**53**問

次の選択肢の中から正しいものを選びなさい。

You are requested to (   ) "not applicable" on parts of the questionnaire that refer to services you have not used before.

(A) mark

(B) try

(C) delete

(D) examine

単 語 の 意 味

request [rɪkwést]······················ ～を求める、依頼する
applicable [ǽplɪkəbl]··············· 適用される、適用できる
questionnaire [kwèstʃənéər]··· アンケート、調査票
refer to ～······························ ～に言及する、～を参照する

解 説

適切な意味の動詞を選ぶ問題です。

適切な意味の動詞を選ぶ問題は語彙問題と同じで、英文を読んで、全体の意味を考えなければなりません。

「アンケートで今までに利用したことのないサービスに言及している箇所は、『該当なし』に～をするように求められている」という英文で、「～」部分にどの動詞を入れれば文意が通るかを考えます。

(A)の mark「～に印をつける」が正解です。mark は過去にも出題された単語ですが、mark red on the fragile items「壊れやすい商品に赤色の印をつける」のような、もう少しわかりやすい英文でした。
この問題を難しくしているのは空欄後に置かれた "not applicable"「該当なし」ですが、この表現はビジネス関連の英文ではよく使われます。最近の TOEIC テストでは 7 割がビジネス系の英文を使用しているとのことです。このあたりが最近のテストが難しくなったと言われる理由ですが、それは同時に、そのまま仕事で使える英文が増えているということでもあります。

(B)try「～を試す」、(C)delete「～を消去する」、(D)examine「～を調べる」では文意が通りません。

訳

アンケートで今までに利用したことのないサービスに言及している箇所は、「該当なし」に印をつけてください。

| 英語の 筋トレ 53 | not applicable は「該当なし」という意味になります。この意味がわからなければ、正解の mark が選べません。 |

次の選択肢の中から正しいものを選びなさい。

Originally, Franklin Manufacturing was a (　　) of Wakefield Enterprises and the company is now the largest steel maker in the country.

(A)　subscriber

(B)　subsidiary

(C)　facility

(D)　administration

単 語 の 意 味

originally [ərídʒənəli]················ 当初は、最初は
steel maker··························· 鉄鋼メーカー、鉄鋼業者

解説

語彙問題です。

語彙問題は英文を読み、全体の意味を考えなければなりません。

「元々フランクリン・マニュファクチャリングはウェイクフィールド・エンタープライズの〜で、そして今や国内で最大の鉄鋼メーカーだ」という英文で、「〜」部分に何を入れればいいのかを考えます。

(B)の subsidiary「子会社」であれば「元々フランクリン・マニュファクチャリングはウェイクフィールド・エンタープライズの子会社で、そして…」となり、文意が通ります。

ビジネス必須単語である headquarters「本社」、subsidiary「子会社」、affiliated company「関連会社」などは TOEIC 必須単語でもあります。これらを関連づけて一緒に覚えましょう。

(A)subscriber「(雑誌などの)定期購読者、(テレビなどの)加入者」、(C)facility「施設、設備」、(D)administration「管理、運営」では文意が通りません。

訳

元々フランクリン・マニュファクチャリングはウェイクフィールド・エンタープライズの子会社で、そして今や国内で最大の鉄鋼メーカーです。

**英語の
筋トレ 54**

headquarters「本社」、subsidiary「子会社」、affiliated company「関連会社」などはビジネス必須単語です。最近の TOEIC テストはビジネス関連の英文が多用されています。

第55問

できたら…○
できなかったら…×

次の選択肢の中から正しいものを選びなさい。

Team members are required to attend a meeting every Monday morning at 8 A.M. to receive project updates for the (　) of the contract.

(A) duration

(B) review

(C) reminder

(D) constitution

単 語 の 意 味

require [rɪkwáɪər]······················ ～を求める、必要とする
update [ʌ́pdèɪt]····················· 更新、最新情報
contract [kάːntrækt]················ 契約、契約書

解説

語彙問題です。

語彙問題は英文を読み、全体の意味を考えなければなりません。

「チームメンバーは、プロジェクトに関する最新情報を得るために、契約の〜間は毎週月曜の午前8時からミーティングに出席することが求められている」という英文で、「〜」部分に何を入れればいいのかを考えます。

英文の意味から、「契約期間中は」という意味になればいいのではと推測できます。

(A)の duration「継続期間、存続期間」が正解です。

duration は少し難しい単語ですが、ビジネス関連の英文ではよく使われます。仕事で少しフォーマルな英文を読み慣れている人にとっては時々見かける単語です。

duration of lease「賃貸期間」、duration of insurance「保険期間」、duration of recession「景気後退期間」などのような形で使われます。

最近の TOEIC テストでは7割がビジネス系の英文を使用しているとのことです。少し難しい単語ではありますが10年以上前にも出題されています。

(B)review「再調査、講評」、(C)reminder「思い出させるもの」、(D)constitution「構成、憲法」では文意が通りません。

訳

チームメンバーは、プロジェクトに関する最新情報を得るために、契約期間中は毎週月曜の午前8時からミーティングに出席することが求められています。

英語の
筋トレ 55

duration は「継続期間、存続期間」という意味の名詞で、ビジネス関連の英文ではよく使われます。

できたら…○
できなかったら…×

次の選択肢の中から正しいものを選びなさい。

All plants nearing (　　　) will receive a final examination by engineers from head office along with local government inspectors.

- (A) completion
- (B) completed
- (C) completely
- (D) complete

単 語 の 意 味

plant [plǽnt] ······························ 工場
examination [ɪgzæ̀mənéɪʃən] ···· 検査、調査
along with ～ ······························ ～と一緒に、～と同時に
inspector [ɪnspéktər] ··············· 調査官、検査官

解説

名詞の問題です。

near は、前置詞としての「〜の近くに」という意味が有名ですが、動詞としての用法もあり「〜に近づく」という意味があります。例えば、「仕事が完成に近づいている」は、Work is nearing completion. となります。

動詞の near を現在分詞の形容詞的用法で使っているのが、All plants nearing (　) の部分です。nearing (　) 部分は、主語の All plants を修飾して、「(　) に近づいている全ての工場」という意味になります。

現在分詞の形容詞的用法とは、もともと動詞だったものに「〜ing」をつけることで形容詞としての働きをもたせたものですが、もとの動詞としての働きも残ります。
ですから、(　) の中には、動詞 near の目的語がこなくてはなりません。目的語として使える品詞は名詞だけなので、名詞である (A) の completion「完成」が正解です。

訳

完成間近の全ての工場は、本社のエンジニアと自治体の調査官による合同の最終検査を行います。

**英語の
筋トレ 56**

near には動詞としての用法があり、動詞は目的語に名詞しかとることができません。その near が nearing となって、現在分詞の形容詞的用法となって文中で使われていることがわかれば正解できます。

速く解くことを意識してブレイクスルー
スコアUPがライティングにも好影響

インターネット業界勤務　40代男性

　中村澄子先生の講座には、2019年8月末開始の授業に参加させていただきました。

　そして3カ月後の2019年11月実施の公開テストで、念願の735点（L375　R360）を獲得しました。ひと月前の10月の公開テストは610点でしたので、125点伸ばすことができました。Lは前回270点だったので、大幅に改善しました。

　恥ずかしいことに、700点を超えるまで、丸5年かかりました。毎日勉強こそしていましたが、いろいろな勉強方法に取り組んでいたので、スコアUPには繋がらず、苦しい日々が続きました。

　昨年転職したのをきっかけに、「一度、TOEICの点数を上げるためだけの勉強をしよう」と決心し、当講座を申し込みました。

　できる限り、先生に教わった通りの勉強方法を実践することを心掛け、通勤時間中も含め、1日4時間の勉強時間を確保しました。

　ブレイクスルーのきっかけは、速く解くことを意識したことです。先生から各パートの解答時間を教えていただいたので、特にパート5は30問を10分で解けるよう、いつもストップウォッチで計測しました。

　また、パート2と3は速度を1.2倍にしてヒアリングすることで、より詳細を聞き取れるようになりました。

　実は、今回の講座を通して一番手応えがあったのが、ライティング能力の向上でした。仕事柄、毎週シアトルにレポートを送るための英語で作成しておりますが、その報告書の表現力が上がったと感じました。

　今の TOEIC テストは、実務に直結できる表現方法が多いので、とても実践的な良いテストだと思います。

　中村先生の著書『英単語 出るのはこれ！』の例文を通勤時間中に速読し、覚えた表現をレポートに使ってみるというインプットとアウトプットを繰り返すことで、記憶に定着させることができたと実感しています。

　業務中も海外支店との会議は必ず事前準備し、発言するように心掛けました。また、昼休みも中村先生の教室のプリントを必ず解くようにしていました。そうした姿勢を評価してくれたようで、今回の TOEIC スコアを会社に伝えたところ、上司と一緒に、初めてシアトルへの海外出張に行けることになりました。

　私の TOEIC の目標は 800 点以上なので、今後も勉強を継続します。TOEIC を通して、実践で活躍できるように、今後も努力を続けたいと思います。

Lesson

3

一発逆転の

28

問

あきらめたらそこで終了ですよ。
あきらめさえしなければ、
走者一掃、何とかなります。
自分を信じてがんばりましょう！

できたら…○
できなかったら…×

次の選択肢の中から正しいものを選びなさい。

Our well-qualified trainers can help (　　) become a better public speaker even after attending only a few sessions.

(A) yourself

(B) yours

(C) you

(D) your

単語の意味

well-qualified······················有能な、適任の、資質の高い
even [íːvn]······························～でさえ、～すら

解説

代名詞の問題です。

「help＋人＋(to) do」で「人が～するのを手助けする」という意味になります。
「人」の部分には目的格の代名詞が使われるので、(C) の you が正解です。

help の目的語である「人」とその後ろの不定詞の間に「主語—述語」の関係が成り立っているので第 5 文型(SVOC)の英文です。
アメリカ英語では人の後ろには to が省略された原形不定詞（動詞の原形）が使われ、イギリス英語では to が入った to 不定詞が使われる場合が多いです。

目的語である「人」に続く動詞部分が問われる場合もあります。TOEIC テストではアメリカ英語である原形不定詞が続く場合、イギリス英語である to 不定詞が続く場合の両方が出題されています。
この問題では、空欄部分に you が入り、you の後ろには to が入らない原形不定詞の become が続いています。

訳

弊社の有能なトレーナーが、ほんの数回クラスに出席しただけでもスピーチが上達する手助けをします。

英語の
筋トレ 57

「help＋人＋(to) do」で「人が～するのを手助けする」という意味になります。

第**58**問

次の選択肢の中から正しいものを選びなさい。

ColorPlus-700 camera takes pictures more (　　)
than any other models and is now rated top in its
class.

(A) precision

(B) preciseness

(C) precisely

(D) precise

単 語 の 意 味

take pictures······················写真を撮る
any other 〜·······················他のどの〜
rate [réɪt]····························〜を評価する、見積もる

解説

副詞の問題です。

選択肢に似た形の単語が並んでいるので、品詞問題かもしれないと考えます。品詞問題の場合、空欄前後が重要になります。

この問題を解くヒントは空欄少し前の takes pictures 部分で、この部分は〈他動詞＋目的語〉となっています。

動詞を修飾するのは副詞です。他動詞を修飾する副詞を入れる場合の基本の位置は〈他動詞＋目的語＋副詞〉と目的語の後ろになります。
正解は(C)の precisely「正確に、精密に」です。

この問題を難しくしているのは、空欄前後が more (　) than と空欄に入る語の比較級になっている点です。
空欄前後が比較級になっていても、最上級になっていても、副詞であることには変わりません。比較級や最上級の形に惑わされることなく、シンプルに考えましょう。

訳

カラープラス 700 のカメラは、他のどのモデルのものよりもはっきりとした写真が撮れ、この種類の中では現在トップの評価を受けています。

英語の
筋トレ 58

動詞を修飾するのは副詞です。他動詞を修飾する副詞を入れる場合の基本の位置は、〈他動詞＋目的語＋副詞〉と目的語の後ろになります。

第**59**問

次の選択肢の中から正しいものを選びなさい。

Unless otherwise notified by Human Resources department, staff orientation (　　) at 9 A.M. sharp on Monday, September 10.

- (A)　will commence
- (B)　was commenced
- (C)　has commenced
- (D)　will be commenced

単 語 の 意 味

unless otherwise notified ············ 特に通知がない限り
human resources department ··· 人事部
sharp [ʃáːrp] ································· ちょうどに、きっかりに

解説

時制＋態を問う問題です。

選択肢にはさまざまな時制の動詞が並んでいるので、時制について考えなければなりません。

文頭の Unless otherwise notified「特に通知がない限り」がヒントになります。
unless otherwise は「特に～がなければ」という意味になり、主節の主語は未来時制が使われます。未来時制は(A)の will commence と(D)の will be commenced です。

(A)は能動態で、(D)は受動態です。どちらが正解かは、主語と動詞の意味的な関係を考えればわかります。
主節の主語は staff orientation で、動詞が commence なので「職員のオリエンテーションが始まる」と、能動態にしなければならないとわかります。したがって、(A)の will commence が正解です。

訳

人事部より別途通知がない限り、職員のオリエンテーションは、9月10日月曜日の午前9時ちょうどに始まります。

英語の
筋トレ 59

unless otherwise は「特に～がなければ」という意味になり、主節の主語は未来時制が使われます。

できたら…○
できなかったら…×

次の選択肢の中から正しいものを選びなさい。

Deep Clean laundry soap removes almost any stain (　　) would otherwise be hard to get rid of.

      (A)　what

      (B)　those

      (C)　that

      (D)　where

単 語 の 意 味

laundry soap··························洗濯用洗剤、洗濯せっけん
remove [rɪmúːv]······················〜を取り除く、除去する
stain [stéɪn]······························しみ、汚れ、汚点
otherwise [ʌ́ðərwàɪz]···············そうでなければ、さもなければ
get rid of 〜····························〜を取り除く

解説

関係代名詞の問題です。

英文の意味を考えると、主語が Deep Clean laundry soap で、動詞が removes で、目的語が almost any stain だと判断できます。

とすると、(　　) would otherwise be hard to get rid of 部分は修飾語だと考えられます。

したがって、修飾語を作る関係代名詞が空欄に入るのではと推測できます。

代名詞である (B) those や関係副詞または疑問詞である (D) where は間違いだとわかります。

関係代名詞の問題だとすれば、空欄に入る関係代名詞の先行詞は、空欄直前の名詞句 almost any stain「ほとんど全てのしみ」です。

先行詞は「物」であり「人」ではありません。

(　　) would otherwise be hard to get rid of 部分は先行詞である空欄直前に置かれた almost any stain のことを説明しているので、空欄には主語の役割をする関係代名詞が入るはずです。

「物」が先行詞の場合の主格の関係代名詞である which か that を入れれば正しい英文になるとわかります。選択肢に関係代名詞の which はなく that があるので、(C) の that が正解になります。選択肢に which があれば which も正解になります。

主格の関係代名詞を問う問題では、which、that ともに出題されます。

訳

洗濯用洗剤のディープ・クリーンは、他の方法では取れにくいほとんど全てのしみを取り除きます。

英語の
筋トレ60

先行詞が「物」で、その先行詞が続く文章の主語の働きをする場合には主格の関係代名詞である which か that を使います。

第**61**問

できたら…○
できなかったら…×

次の選択肢の中から正しいものを選びなさい。

(　　) from the negotiation team are expected to arrive in San Francisco on Monday to discuss the terms and conditions of the proposed merger.

- (A)　Representative
- (B)　Representing
- (C)　Representable
- (D)　Representatives

単 語 の 意 味

negotiation [nəgòuʃiéiʃən]········ 交渉、話し合い
be expected to ～················· ～する予定である、～すると期待されている
terms and conditions·········· (契約の) 条件、条項
proposed [prəpóuzd]··············· 提案された
merger [mə́:rdʒər]····················· 合併

解説

主語と動詞の一致の問題です。

この英文の大きな意味での主語は ( ) from the negotiation team で、動詞が are expected です。空欄に続く from the negotiation team 部分は前置詞＋名詞句になっているので修飾語です。修飾語なのでこの部分をカッコに入れると、本当の主語は空欄に入る語だとわかります。

動詞部分に are expected と are が使われているので、主語は複数名詞です。
複数名詞は (D) の Representatives「代表、代表者」だけです。

主語をヒントに動詞の形を選ばせる問題の出題の方が多いのですが、この問題のように動詞の形をヒントに主語である名詞を選ばせる問題も出ます。

TOEIC テストは時間がない中で解かなければならないので、慌てて答えると、単数名詞である (A) の Representative を選んでしまいます。
間違わせようと意図的に選択肢に紛らわしい語を入れている場合が多いので、引っ掛からないように気を付けましょう。

訳

交渉チームの代表者が提案された合併の諸条件について協議するため月曜にサンフランシスコに到着する予定です。

英語の筋トレ 61

動詞の形から主語である名詞を選ばせる問題です。単数名詞と複数名詞、どちらが正解になるのか注意を払いましょう。

第62問

次の選択肢の中から正しいものを選びなさい。

Fund manager Karl Zimmerman holds the (　　) of earning his clients the highest rates of return on their investments.

(A) distinction

(B) distinctive

(C) distinctively

(D) distinct

単語の意味

earn [ə́:rn]······················· (人) に〜をもたらす
rate of return······················· 収益率、利益率
investment [ɪnvéstmənt]········· 投資、出資

難易度… ★★★☆☆

解説

名詞の問題です。

選択肢に似た形の単語が並んでいるので、品詞問題かもしれないと考えます。品詞問題の場合、空欄前後が重要になります。

空欄前が冠詞の the で、空欄後は of earning his clients ... と〈前置詞＋名詞句〉になっています。
〈前置詞＋名詞句〉は修飾語なので、この部分をかっこでくくると、the (　) の空欄部分にどの品詞を入れればいいか、という問題だとわかります。

冠詞の後ろには名詞が続きます。名詞は(A)の distinction「特質、卓越」だけです。

冠詞と前置詞の間には名詞が入る、という点を問う問題は時々出ます。
この問題のように定冠詞 the が使われる場合もあれば、不定冠詞 a が使われる場合もあります。

訳

ファンドマネージャーのカール・ジマーマンは顧客に最大の投資収益率をもたらすことに傑出しています。

英語の
筋トレ 62

冠詞と前置詞の間には名詞が入ります。

第63問

次の選択肢の中から正しいものを選びなさい。

Joe Walker, a business associate of (　　), usually arranges online meetings with clients in order to improve efficiency.

- (A)　my
- (B)　I
- (C)　me
- (D)　mine

単 語 の 意 味

business assoociate············· 仕事仲間、仕事の同僚
arrange [əréɪndʒ]······················〜を手配する
in order to 〜····························〜するために
improve [ɪmprúːv]·····················〜を改善する、向上させる
efficiency [ɪfíʃənsi]··················効率、効率性

解説

代名詞の問題です。

選択肢には代名詞Ⅰのさまざまな格が並んでいます。
(A)my は所有格、(B)I は主格、(C)me は目的格の代名詞で、(D)mine は所有代名詞です。

英文の意味を考えると、空欄前は a my business associate と言いたいのではないかと推測できます。
a my のように冠詞の a と所有格の代名詞 my を続けて使うことはできません。そこで、この部分を書き換えると a business associate of (mine) となります。
したがって、(D)の mine が正解です。

所有代名詞は「〜のもの」という意味なので、mine は「私のもの」になります。

間違って(C)の me を選ぶ人も少なくないと思いますが、me は目的格の代名詞なので「私を、私に」という意味になるのでここでは使えません。

訳

私の仕事仲間であるジョー・ウォーカーさんは、効率を高めるためクライアントとのミーティングは大抵オンラインで行っています。

英語の筋トレ 63　　冠詞の a や the と所有格の代名詞を続けて使うことはできません。

第64問

次の選択肢の中から正しいものを選びなさい。

(　　) the growing number of online retail stores, Masonville Shopping Center has been able to maintain a remarkable amount of foot traffic.

(A)　Despite

(B)　However

(C)　While

(D)　Except

単 語 の 意 味

growing [gróuɪŋ]······················ 増大する、高まる
retail store····························· 小売店
maintain [meɪntéɪn]·················· ～を維持する、保つ
remarkable [rɪmáːrkəbl]··········· 驚くべき、顕著な、かなりの
foot traffic····························· 人の往来、客足

解説

前置詞の問題です。

選択肢にはさまざまな品詞の単語が並んでいます。

空欄後からコンマまでは the growing number of online retail stores「増大しつつあるオンライン小売業者の数」と名詞句になっています。名詞句の前に置けるのは前置詞なので、空欄には前置詞が入るとわかります。

選択肢の中で前置詞の働きがあるのは(A)の Despite「〜にもかかわらず」と(D)の Except「〜を除いて」だけです。どちらが正解かは英文の意味を考えます。

空欄後からコンマまでで「増大しつつあるオンライン小売業者の数」と言っていて、コンマ以降で「メイソンビルショッピングセンターはかなりの数の客足を維持できてきた」と言っています。これらをつないで文意が通るのは、(A)の Despite「〜にもかかわらず」だけです。
(A)の Despite が正解です。

訳

増大しつつあるオンライン小売業者の数にもかかわらず、メイソンビルショッピングセンターはかなりの数の客足を維持できてきました。

英語の
筋トレ64

despite は「〜にもかかわらず」という意味の前置詞です。前置詞なので、後ろには名詞か名詞句が続きます。

次の選択肢の中から正しいものを選びなさい。

Sales of the new line of wearable devices has been overwhelmingly successful, so the marketing campaign will (　　) move forward as planned.

(A) frequently

(B) properly

(C) therefore

(D) suitably

単 語 の 意 味

new line of ～ ····································· 新商品の～
wearable [wéərəbl] ···························· 着用できる
device [dɪváɪs] ································· 機器、装置
overwhelmingly [òuvərwélmɪŋli] ······ 圧倒的に、徹底的に
move forward ································· 前へ進む、前進する

解説

適切な意味の副詞を選ぶ問題です。

選択肢にはさまざまな副詞が並んでいるので、適切な意味の副詞を選ぶ問題だとわかります。英文の意味を考えて文意に合う副詞を選らばなければならないので、語彙問題に似ています。

文頭からコンマまでは節(S+V)になっていて「着用可能な機器の新製品の販売がきわめて好調だ」と言っていて、接続詞のso「だから」に続く節では「だからマーケティングキャンペーンは（　　）計画通り進める」と言っています。

空欄に入れて文意が通るのは(C)の therefore「したがって、その結果」しかありません。
コンマ直後に置かれた接続詞の so と therefore は意味が似ていますが、この英文のように両方を同じ文の中で使うことは珍しくありません。

(A)の frequently「しばしば」、(B)の properly「適切に」、(D)の suitably「適切に」では文意が通りません。

訳

着用可能な機器の新製品の販売がきわめて好調なので、マーケティングキャンペーンは計画通り進めます。

英語の
筋トレ 65

therefore は「したがって、その結果」という意味の副詞です。

次の選択肢の中から正しいものを選びなさい。

Ms. Lee will be away on business for the remainder of the month, (   ) please contact her assistant, Kay Todd, if you have any requests.

(A) or

(B) so

(C) once

(D) neither

単 語 の 意 味

away [əwéɪ]··································不在で、留守で
remainder [rɪméɪndər]··············残り、余り
contact [kɑ́:ntækt]··················~に連絡する

解 説

接続詞の問題です。

空欄前も、コンマ以降も節［S（主語）＋V（動詞）］です。節と節を結ぶのは接続詞です。

選択肢の中だと(D)の neither 以外は全て接続詞の用法があります。どれが正解かは英文の意味を考えなければなりません。

空欄からコンマまでの節で「リーさんは、今月の残りは出張で不在だ」とあり、空欄以降の節では「要望があればアシスタントのケイ・トッドさんまでご連絡ください」と言っています。この2つの節をつないで意味が通る接続詞は(B)の so「それで、だから」だけです。

同じ so でも空欄の前にコンマがない場合は「～するように」（so that の that が省略された形）になります。

so には副詞としての用法もあり、「そのように、そんなに、とても」という意味でもよく使われます。

(A)or「または、そうでなければ」、(C)once「いったん～すると、～するとすぐに」では文意が通りません。

訳

リーさんは今月の残りは出張で不在ですので、ご要望がありましたらアシスタントのケイ・トッドさんまでご連絡ください。

英語の筋トレ 66

so は「それで、だから」という意味の接続詞です。接続詞なので節（S＋V）と節（S＋V）を結びます。

次の選択肢の中から正しいものを選びなさい。

The (　　) of Wholesome Supermarket by Avco Industries was not surprising to most analysts in the food and beverage industry.

(A) amendment

(B) distribution

(C) delivery

(D) acquisition

単 語 の 意 味

surprising [sərpráɪzɪŋ]…………… 驚くべき、意外な
beverage [bévərɪdʒ]……………… 飲料、飲み物
industry [índəstri]………………… 業界、産業

解説

語彙問題です。

語彙問題は英文を読み、全体の意味を考えなければなりません。
「ほとんどの食品・飲料業界アナリストにとって、アブコ・インダストリーズによるホールサム・スーパーマーケットの〜は驚くべきものではなかった」という英文で、「〜」部分に何を入れればいいのかを考えます。

(D)の acquisition「買収」であれば文意が通ります。
acquisition は「買収」以外にも「取得、獲得」などの意味もあり、これらの意味でもよく使われます。

頻繁に使われる M&A の M は merger「合併」で、A は acquisition「買収」のことです。
M と A は意味が異なるので、ビジネスで使われる場合は、merger や acquisition のように別々に使われることが多いです。
TOEIC テストでは acquisition 以外に merger も語彙問題として出題されています。一緒に覚えましょう。

(A)amendment「修正、改正」、(B)distribution「配布、流通」、(C)delivery「配達、送付」では文意が通りません。

訳

ほとんどの食品・飲料業界アナリストにとって、アブコ・インダストリーズによるホールサム・スーパーマーケットの買収は驚くべきものではありませんでした。

英語の
筋トレ 67

M&A の A は acquisition「買収」を指します。M は merger「合併」です。

第**68**問

次の選択肢の中から正しいものを選びなさい。

The main purpose of the weekly meeting is to give managers a place to (　　) ideas with colleagues about dealing with various work-related issues.

(A)　participate

(B)　exchange

(C)　indicate

(D)　inform

単 語 の 意 味

manager [mǽnɪdʒər]……………部長、マネージャー
deal with ～……………………～を扱う、～に対処する
various [véəriəs]……………………さまざまな、いろいろな
issue [íʃuː]……………………………問題、問題点

解説

適切な意味の動詞を選ぶ問題です。

適切な意味の動詞を選ぶ問題は語彙問題と同じで、英文を読んで、全体の意味を考えなければなりません。

しかし、この問題の場合は（　）ideas with colleagues「同僚とアイデアを〜」の部分だけで判断できます。

直後に ideas と目的語が続いているので、空欄には他動詞が入るはずです。したがって、自動詞である(A)participate は使えません。
(C)indicate であれば「同僚とアイデアを指し示す」になり、(D)inform であれば「同僚とアイデアを通知する」になるので、どちらもここでは使えません。
(B)exchange「〜を交換する」であれば、「同僚と意見を交換する」となり、英文の意味がつながります。正解は(B)の exchange です。

235 ページに掲載の a lively (exchange) of ideas の問題は、名詞としての exchange を問う問題です。exchange は名詞としても動詞としても出題されています。

訳

週一度の定例会の主な目的は、さまざまな業務上の悩みへの対処についてマネージャーたちに同僚との意見交換の場を提供することにあります。

英語の
筋トレ 68

exchange ideas で「意見を交換する」という意味になります。

第**69**問

次の選択肢の中から正しいものを選びなさい。

Although the building is somewhat old, it has a recently-renovated office on the fifth floor, (　　) with meeting rooms and a staff cafeteria.

- (A) completion
- (B) completes
- (C) completely
- (D) complete

単 語 の 意 味

somewhat [sʌ́mwʌ̀t]⋯⋯⋯⋯⋯⋯いくらか、少々、多少
recently [ríːsntli]⋯⋯⋯⋯⋯⋯⋯最近、近頃、近年
renovated [rénəvèɪtɪd]⋯⋯⋯⋯⋯改装された、修理された

解説

形容詞の問題です。

選択肢に似た形の単語が並んでいるので、品詞問題かもしれないと考えます。

Although が導く従属節は一つ目のコンマの前の old で終わっています。その後に it has a recently-renovated office on the fifth floor という完全な文が続いています。

a recently-renovated office に注目します。直後の on the fifth floor を省き(D)の complete という形容詞を加えると、以下の形になります。

a recently-renovated office complete with meeting rooms and a staff cafeteria
「最近リフォームしたばかりの、会議室と社員食堂を備えたオフィス」

complete with meeting rooms and a staff cafeteria 部分が、後ろから前の名詞 office を修飾しているとわかります。

この文では、office の直後に on the fifth floor という場所を表す修飾語句がきています。そのためコンマでワンクッションが入り、文構造が難しくなっているのです。

英文を読み慣れていると一瞬で正解がわかりますが、そうでない人には少し難しい問題です。

訳

建物はいささか古いものの、このビルの5階には最近リフォームしたばかりの、会議室と社員食堂を備えたオフィスがあります。

英語の
筋トレ 69

品詞の問題でも文構造が難しくなると、空所の前後だけでなく全体を読まないと答えを出せません。

第70問

次の選択肢の中から正しいものを選びなさい。

The head researcher has identified (　　　) two processes that will help improve the overall safety of operational protocol.

(A) together with

(B) at least

(C) in reference to

(D) as to

単 語 の 意 味

identify [aɪdéntəfàɪ]…………………〜を特定する、識別する、確認する
process [prá:ses]……………………過程、工程、作業、措置
improve [ɪmprú:v]…………………〜を改善する、改良する
overall [óuvərɔ̀:l]……………………全体の、全般的な
operational [à:pəréɪʃənl]………操作上の、運営上の、運転できる
protocol [próutəkà:l]……………手順、プロトコル、手続き

解説

イディオムの問題です。

選択肢にはさまざまなイディオムが並んでいます。英文全体の意味を考えて、正解を選ばなければなりません。

「主任研究員は、運用プロトコルの全体的な安全性を高める工程を～2つ特定した」という意味の英文で、「～」部分に入れて文意が通るのはどれか考えます。

(B)の at least「少なくとも」であれば、文意が通ります。正解は(B)の at least です。

(A)の together with は「～と一緒に」、(C)の in reference to は「～に関連して、～に関して」、(D)の as to は「～に関しては」という意味の表現で、文意が通りません。

at least はパート5以外でも頻繁に使われるイディオムです。

訳

主任研究員は、運用プロトコルの全体的な安全性を高める工程を少なくとも2つ特定しました。

英語の
筋トレ 70

at least は「少なくとも」という意味で頻繁に使われるイディオムです。

第71問

次の選択肢の中から正しいものを選びなさい。

Of all the employees who have worked for the
Tanner Organization, Ms. Woo is one of the (　　).

- (A)　admiration
- (B)　more admirable
- (C)　admirable
- (D)　most admirable

単 語 の 意 味

employee [ɪmplɔ́ːiː] ················· 従業員、会社員
one of ～ ································· ～の一人、～の一つ

解説

最上級の問題です。

文頭の Of all the employees がヒントになります。
Of all the employees からコンマまでを Ms. Woo で始まる節の後ろに置けば、Ms. Woo is one of the (　) of all the employees who have worked for the Tanner organization. となり、よりわかりやすくなります。

最上級で「〜の中で最も」という場合、in 〜や of 〜を使います。
最上級で比較の対象を表す場合に in が使われるのは「集団を表す単数名詞」が続くときで、of が使われるのは「同じ種類の複数名詞」が続くときです。
ここでは all employees と「同じ種類の複数名詞」が続いているので、「〜の中で」という意味の of が使われています。さらに、最上級を作る際に使う冠詞の the が空欄前に置かれています。
したがって、最上級である (D) の most admirable が正解だとわかります。文頭の of 以降と、Ms. Woo で始まる節が倒置していることに気が付けば簡単な問題です。
形容詞を最上級にする際、1音節の語の場合には -est を付け、2音節以上の語の場合には most を付けます。

訳

タナーオーガニゼーションで働いてきた全従業員の中で、ウーさんは最も尊敬されている一人です。

英語の
筋トレ 71

最上級で「〜の中で最も」という場合、in 〜や of 〜を使います。
最上級で比較の対象を表す場合に in が使われるのは「集団を表す単数名詞」が続くときで、of が使われるのは「同じ種類の複数名詞」が続くときです。

第72問

次の選択肢の中から正しいものを選びなさい。

Because of the high cost, a majority of city council members voted (　　) the plan to widen Main Street.

(A) toward

(B) for

(C) under

(D) against

単 語 の 意 味

majority [mədʒɔ́:rəti]·············· 大多数、大部分
city council···························· 市議会
vote [vóut]······························ 投票する
widen [wáɪdn]························ ～を拡張する、拡大する

解説

前置詞の問題です。

前置詞の問題の場合、空欄前後をチェックするだけで解ける問題と、少し長めに英文を読まなければならない問題があります。この問題は空欄前後をチェックするだけで解けます。

空欄前が a majority of city council members voted です。
直前に置かれた動詞 vote「投票する」が大きなヒントになります。

賛成票を投じる場合には前置詞の for を使い、反対票を投じる場合には前置詞の against を使います。
この英文では文頭で Because of the high cost「多額の費用がかかるため」と言っているので、反対票を投じたのではないかと推測できます。
したがって、正解は(D)の against です。

過去には賛成票を投じる場合に使う、for を問う問題も出題されています。

訳

多額の費用がかかるため、市議会議員の大半はメインストリートの拡張計画に反対票を投じました。

英語の筋トレ72

前置詞の against には「〜に反対して」という意味があり、動詞の vote と一緒に使われると「反対票を投じる」という意味になります。

第73問

次の選択肢の中から正しいものを選びなさい。

Davidson Law Firm (　　) a qualified candidate to take over the role of records clerk when Donna Pham retires in December.

(A) determines

(B) advances

(C) seeks

(D) reaches

単 語 の 意 味

qualified [kwάːləfàɪd]··············· 適任の、資質のある
candidate [kǽndədèɪt]············ 候補者
take over······························ (仕事・責任) を引き継ぐ
role [róʊl]······························ 職務、役、役目
clerk [klə́ːrk]···························· 事務員

解説

適切な意味の動詞を選ぶ問題です。

空欄前が主語 Davidson Law Firm「デビッドソン法律事務所」で、空欄後が目的語 a qualified candidate to take over the role of records clerk「記録係の職を引き継ぐのに適した候補者」です。

空欄には他動詞が入るはずですが、どの他動詞であれば文意が通るかを考えます。
空欄直後に置かれた a qualified candidate「適任の候補者」が大きなヒントになります。

(C)の seeks「〜を探し求める、求める」を入れれば「適任の候補者を探している」となり、文意が通ります。

主語が三人称単数なので選択肢の全てに -s が付いていますが、determine「〜を決定する、判断する」、advance「〜を進める、前進させる」、reach「〜に達する、届く」では文意が通りません。

seek a qualified candidate「適任の候補者を求める」は求人広告で頻繁に使われる表現です。

訳

デビッドソン法律事務所では、ドナ・ファムさんが 12 月に定年退職する際、記録係の職を引き継ぐのに適した人材を探しています。

英語の
筋トレ 73

seek a qualified candidate「適任の候補者を求める」は求人広告で頻繁に使われます。

第74問

次の選択肢の中から正しいものを選びなさい。

All of the carpets that have been treated with Silicone Guard are (　　) resistant to stains and fading.

(A) relatively

(B) tentatively

(C) solely

(D) thoroughly

単 語 の 意 味

treat [trí:t] ……………………………… 〜を取り扱う
resistant to 〜 ……………………… 〜に耐性がある、抵抗がある
stain [stéɪn] …………………………… 汚れ、染み
fading [féɪdɪŋ] ………………………… 色あせ、衰退

解説

適切な意味の副詞を選ぶ問題です。

選択肢にはさまざまな副詞が並んでいるので、適切な意味の副詞を選ぶ問題だとわかります。英文の意味を考えて文意に合う副詞を選ばなければならないので、語彙問題に似ています。

「シリコーンガードで処理されたカーペットは染みや色あせに〜強い」という英文で、「〜」部分に入れて文意が通る副詞は何かを考えます。

(A)の relatively「比較的、相対的に」であれば、文意が通ります。

(B)tentatively「仮に、暫定的に」、(C)solely「もっぱら、単独で」、(D)thoroughly「完全に、徹底的に」では文意が通りません。

relatively は「適切な意味の副詞を選ぶ問題」としてだけでなく、他に「副詞を選ぶ問題」としても出題されます。
また、形容詞の relative を使った、relative to 〜「〜と関連して、〜と比べて」という表現が問われる場合もあります。

訳

シリコーンガードで処理されたカーペットは染みや色あせに比較的強いです。

英語の 筋トレ74

relatively は「比較的、相対的に」という意味の副詞で、ビジネス関連の英文で頻繁に使われます。

第75問

次の選択肢の中から正しいものを選びなさい。

When Karen Woods leaves Forest City Shipping next month to return to school, the company will struggle to fill the (　　).

- (A) vacancy
- (B) commitment
- (C) operation
- (D) application

単 語 の 意 味

leave [líːv]‥‥‥‥‥‥‥‥‥‥‥‥‥‥‥‥（会社）を辞める、〜を退く
struggle to 〜‥‥‥‥‥‥‥‥‥‥‥〜しようと四苦八苦する、〜しようと骨を折る
fill [fíl]‥‥‥‥‥‥‥‥‥‥‥‥‥‥‥‥〜を埋める、満たす

難易度…★★★☆☆

解説

語彙問題です。

語彙問題は英文を読み、全体の意味を考えなければなりません。

「来月カレン・ウッズさんが復学のためフォレスト・シティ・シッピングを辞めると、同社では〜を埋めるのに苦労するだろう」という英文で、「〜」部分に何を入れればいいのかを考えます。

「〜」部分に入るのは、カレン・ウッズさんが辞めた後の「欠員、補充要員」を意味する単語だろうと推測できます。
したがって、(A)の vacancy「欠員」が正解だとわかります。

TOEIC テストでは求人関連の英文は他のパートでも頻出のため fill the vacancy という表現は他のパート、特にパート 7 の「読解問題」でも時々使われます。
また、vacancy は「空室」という意味でも頻繁に使われ、fill the vacancy で「空室を埋める」という意味にもなり、「読解問題」ではこの意味でも使われます。

(B)commitment「関わり合い、献身、約束」、(C)operation「操作、運転、業務」、(D)application「申請、応募、適用」では文意が通りません。

訳

来月カレン・ウッズさんが復学のためフォレスト・シティ・シッピングを辞めると、同社では欠員を埋めるのに苦労するでしょう。

英語の 筋トレ 75	fill the vacancy で「欠員を埋める」という意味になります。他に「空室を埋める」という意味でもよく使われます。

第76問

次の選択肢の中から正しいものを選びなさい。

The enclosed summary (　　) the primary changes that have been made to the previous agreement.

- (A)　advances
- (B)　outlines
- (C)　expedites
- (D)　devotes

単 語 の 意 味

enclosed [ɪnklóuzd] ················· 同封された
summary [sʌ́məri] ····················· 要約、概略
primary [práɪmèri] ···················· 主要な、最も重要な
previous [prí:viəs] ····················· 以前の、前の
agreement [əgrí:mənt] ············· 契約（書）、同意（書）、合意（書）

解 説

適切な意味の動詞を選ぶ問題です。

適切な意味の動詞を選ぶ問題は語彙問題と同じで、英文を読んで、全体の意味を考えなければなりません。

空欄前が主語の The enclosed summary「同封された概要」で、空欄後が目的語である the primary changes「主要な変更点」です。これらをつなげて文意が通るのは、(B) の outlines しかありません。outline「〜の要点を述べる、〜を概説する」という他動詞に、主語が三人称単数現在の場合に付ける三単現の s が付いた形です。

この問題で特にヒントになるのは、空欄前に置かれた summary です。the summary outlines 〜 という表現は、仕事で英語を使っている人は頻繁に目にしているはずです。

advance「〜を前進させる」、expedite「〜を迅速に処理する」、devote「〜をささげる」という意味なので、the summary を主語にし目的語に the primary changes を伴って使うことはできません。

訳

同封された概要には、前回の合意書に加えられた主な変更点がまとめられています。

英語の
筋トレ 76

outline は「〜の要点を述べる、〜を概説する」という意味の動詞です。

第77問

次の選択肢の中から正しいものを選びなさい。

(　　) in 2015, the planet Kepler-452b is now the focus of much debate among top astronomers from around the world.

- (A) To discover
- (B) Discovering
- (C) Discovered
- (D) Discover

単 語 の 意 味

planet [plǽnət]························· 惑星
focus [fóukəs]···························· 焦点、注目
astronomer [əstrá:nəmər]······· 天文学者
around the world··················· 世界中の（に）

解説

分詞構文の問題です。

文頭に空欄があり、コンマ以降が節(S+V)になっています。
また、選択肢は全て discover の派生語なので分詞構文が使われているのではと推測します。

この英文の主語は the planet Kepler-452b です。
分詞構文では、文頭に置かれる分詞は、主節(S+V)の主語の意味を補うものです。

空欄に現在分詞が入るのか過去分詞が入るのかは、the planet Kepler-452b が「する／している」のか、「される／された」のかを考えます。

the planet Kepler-452b と、空欄に入る分詞の元の動詞 discover「〜を発見する」との意味的な関係を考えればいいでしょう。
主語である the planet Kepler-452b「惑星ケプラー 452b」は、「発見された」と考えれば文意が通ります。したがって、正解は過去分詞である(C)の Discovered だとわかります。

訳

2015 年に発見された惑星ケプラー 452b は、目下のところ世界中のトップクラスの天文学者たちの間で大論争の焦点となっています。

英語の
筋トレ 77

分詞構文は主節(S+V)の主語の意味を補っているものだと考えます。

第78問

次の選択肢の中から正しいものを選びなさい。

Overseeing production operations at our plant in Vietnam will be (　　) for Johnathan because he is not familiar with the local language or business practices.

- (A) increasing
- (B) challenging
- (C) industrious
- (D) obvious

単 語 の 意 味

oversee [òuvərsí:]················ ～を監督する、見渡す
production [prədʌkʃən]·········· 製造、生産
operation [à:pəréiʃən]··············· 業務、事業、経営
plant [plǽnt]······························ 工場
be familiar with ～··············· ～に詳しい、精通している
business practice················ 商慣習、商慣行

解説

語彙問題です。

語彙問題は英文を読み、全体の意味を考えなければなりません。

「現地の言葉や商習慣になじみがないので、ベトナム工場での製造監督業務はジョナサンにとっては〜だろう」という英文で、「〜」部分に何を入れればいいのかを考えます。
「現地の言葉や商習慣になじみがない」という事から、「難しい、大変だ」のような意味の単語が入るのではと推測できます。

選択肢の中で該当するのは、(B)の challenging「難しい、手腕を問われる、（困難だが）やりがいのある」しかありません。challenging は challenging job や challenging task（ともに「やりがいのある仕事」）などのように仕事関連の英文でよく使われます。派生語の challenge「課題」も出題されています。一緒に覚えましょう。

(A)increasing「増えている、増大する」、(C)industrious「勤勉な、熱心な」、(D)obvious「明らかな、明白な」では文意が通りません。

訳

現地の言葉や商習慣になじみがないので、ベトナム工場での製造監督業務はジョナサンには難しいでしょう。

英語の
筋トレ78

challenging は「難しい、手腕を問われる、（困難だが）やりがいのある」という意味の形容詞です。

第79問

次の選択肢の中から正しいものを選びなさい。

While Sara Vann is visiting the new factory in Mumbai, Ken Lee will be the primary (　　) for any legal issue that may arise.

(A) correspondence

(B) negotiation

(C) contact

(D) merger

単 語 の 意 味

factory [fǽktəri]·······················工場
primary [práımèri]·····················主な、第一の
legal issue·····························法的問題
arise [əráız]····························起こる、発生する

解説

語彙問題です。

語彙問題は英文を読み、全体の意味を考えなければなりません。

「サラ・ヴァンさんがムンバイの新工場に訪れている間、ケン・リーさんが起こりうるいかなる法的問題に関しての主な〜だ」という英文で、「〜」部分に何を入れればいいのかを考えます。

「主な責任者だ」とか「主な担当者だ」のような英文になるのではと推測できます。

選択肢の中で該当するのは、(C)contact「窓口、連絡先」しかありません。
動詞としてのcontact「〜に連絡する」しか知らない人が多いはずです。
名詞のcontactは複合名詞でcontact person「連絡窓口、窓口担当者」などのようにも使われます。

(A)correspondence「往復書簡」、(B)negotiation「交渉」、(D)merger「合併」では文意が通りません。

訳

サラ・ヴァンさんがムンバイの新工場に訪れている間、起こりうるいかなる法的問題に関してもケン・リーさんが主な窓口となります。

英語の筋トレ79

contactには動詞以外に、「窓口、連絡先」という意味の名詞としての用法もあります。

第**80**問

次の選択肢の中から正しいものを選びなさい。

The restaurant was granted a food license after inspectors confirmed that the owner had (　　) with all of the industry regulations.

(A) organized

(B) retained

(C) accepted

(D) complied

単語の意味

grant [grǽnt] ·······················～を与える、許可する、認める
inspector [ɪnspéktər] ···············検査官
confirm [kənfə́:rm] ·····················～を確認する、確かめる
regulation [règjəléɪʃən] ···········規則、規定、規制

解説

適切な意味の動詞を選ぶ問題です。

選択肢にはさまざまな語彙が並んでいます。英文全体の意味を考えて正解を選ばなければなりません。
「所有者がすべての業界規定に〜ということを検査官が確認した後で、そのレストランには食品営業許可が認められた」という意味の英文で、「〜」部分に入れて文意が通るのはどれか考えます。
まず、空欄の後ろに前置詞の with が続いているので、空欄に入るのは自動詞だとわかります。
(D)の complied を入れて、had complied with とすれば、文意が通ります。comply with 〜 で「〜に従う、応じる」という意味になります。ビジネスで頻繁に使われる表現です。

organize を自動詞として使う場合は「団結する、組織化する」という意味になるので、後ろに with を置いて使うことはほとんどありません。retain も accept も他動詞なので後ろには直接目的語が続くため、後ろに前置詞を置いて使われることはありません。

名詞の compliance を使った、compliance with 〜「〜への順守」という表現を問う問題もパート5で出題されているので、この表現も一緒に覚えましょう。

訳

所有者がすべての業界規定を満たしていることを検査官が確認した後で、そのレストランには食品営業許可が下りました。

英語の筋トレ80　comply with 〜で「〜に従う、応じる」という意味になります。

第81問

次の選択肢の中から正しいものを選びなさい。

The Crenshaw Amusement Park in Scranton, Pennsylvania is the perfect place for the whole family (　　) you are looking for an adventure.

- (A) such as
- (B) whoever
- (C) therefore
- (D) whenever

単 語 の 意 味

look for ～ ·································～を探す
adventure [ədvéntʃər] ··············冒険

解説

複合関係副詞の問題です。

(A)の such as「例えば〜など」が正解であれば空欄の後ろには名詞か名詞句が続くはずですが、ここでは空欄の後ろは節(S＋V)になっています。

複合関係代名詞である(B)whoever が正解であれば、whoever = anyone who なので、空欄直後には動詞が続くはずです。

(C)の therefore は「したがって」という意味の副詞なので、空欄後にコンマが必要ですし、therefore では文意が通りません。

(D)の複合関係副詞、whenever「〜するときはいつも」であれば、後ろに節を続けて使えますし、「あなた方が冒険を求めるときはいつでも」となり、文意も通ります。

複合関係副詞の場合、複合関係副詞を含む節が副詞の働きをする副詞節を作ります。
この英文の場合、空欄以降の(　　) you are looking for an adventure 部分が、空欄より前の主節を副詞的に修飾しています。

訳

冒険を求めるのであれば、ペンシルバニア州スクラントンにある遊園地クレンショー・アミューズメント・パークが家族全員にぴったりな場所です。

英語の
筋トレ 81

whenever は複合関係副詞で、「〜するときはいつも」という意味になります。

第82問

できたら…◯
できなかったら…×

次の選択肢の中から正しいものを選びなさい。

The technical team was praised by the client for its (　) attention to the many unexpected issues that arose during the project.

(A) ordinary

(B) relevant

(C) prompt

(D) definite

単 語 の 意 味

praise [préɪz]··························〜を称賛する、褒める
attention [əténʃən]··················配慮、注意、留意
unexpected [ʌ̀nɪkspéktɪd]········予期しない、予想外の
issue [íʃuː]·····························問題、問題点
arise [əráɪz]······························起こる、発生する、生じる

解説

語彙問題です。

語彙問題は英文を読み、全体の意味を考えなければなりません。

「プロジェクト中に起こった多くの予期せぬ問題に対する〜対応に対して、テクニカルチームはクライアントに称賛された」という英文で、「〜」部分に何を入れればいいのかを考えます。

賞賛された理由が (　) attention なので、(A)ordinary「普通の」、(B)relevant「関係のある」、(D)definite「明確な」は不正解だとわかります。

(C)の prompt「迅速な」であれば「迅速な対応」となり、文意が通ります。
prompt attention という表現はよく使われます。
形容詞の prompt や副詞の promptly は品詞問題としても出題されます。

訳

プロジェクト中に起こった多くの予期せぬ問題に迅速に対応したことで、テクニカルチームはクライアントに称賛されました。

**英語の
筋トレ 82**

prompt は「迅速な」という意味の形容詞で、語彙問題としても品詞問題としても出題されます。

第83問

次の選択肢の中から正しいものを選びなさい。

Each of the newly designed security cards is (　) with a photo of the employee so that staff can be more easily identified.

(A) included

(B) embedded

(C) modified

(D) limited

単 語 の 意 味

newly [n(j)úːli]····························新たに

employee [ɪmplɔ́ɪiː]··················従業員、会社員

so that A can ～·····················A が～できるように

identify [aɪdéntəfàɪ]··················～を確認する、識別する

解説

適切な意味の動詞を選ぶ問題です。

適切な意味の動詞を選ぶ問題は語彙問題と同じで、英文を読んで、全体の意味を考えなければなりません。しかし、この問題の場合は空欄前後を見るだけで正解できます。

文頭から so that の前までで「新しくデザインされたセキュリティーカードのそれぞれには社員の写真〜」とあり、so that 以降で「従業員をより簡単に識別できるように」と言っています。
この「〜」部分にあたるのが、is ( ) with です。
セキュリティーカードですから、写真が付いているのだろうと推測できます。選択肢の中で空欄部分に入れて文意が通るのは (B) の embedded しかありません。be embedded with で「〜が埋め込まれている、組み込まれている」という意味になります。

(A) の include は「〜を（…の中に）含める」という意味なので、「〜が…に含まれている」とする場合には〜 is included in … の形になり、ここでは使えません。
(C) の modify「〜を変更する」、(D) の limit「〜を制限する」では文意が通りません。
be embedded with 〜は少し難しい表現ですが、ビジネス関連の英文ではよく使われます。

訳

従業員をより簡単に識別できるよう、新しくデザインされたセキュリティーカードにはそれぞれ社員の写真が付いています。

> **英語の筋トレ 83**
>
> be embedded with 〜は「〜が埋め込まれている、組み込まれている」という意味で、ビジネス関連の英文ではよく使われます。

第84問

次の選択肢の中から正しいものを選びなさい。

The airline did not expect many bookings when airfares rose; (   ), the number of reservations increased by 10 percent.

- (A) instead
- (B) moreover
- (C) never
- (D) still

単 語 の 意 味

booking [búkɪŋ] ······················· 予約
airfares [éərfèərz] ····················· 航空運賃
the number of ~ ···················· ~の数
increase [ɪnkríːs] ····················· 上昇する、増加する

解説

適切な意味の副詞を選ぶ問題です。

空欄の前にセミコロン（；）が使われています。
セミコロンは関係のある2文をつなぎます。セミコロン前後の文は、同じトピックについて述べられている必要があります。
セミコロンの主な使い方は下記の通りです。
(1) 接続副詞の代わりに、等位な2つの文章をつなぐ。
(2) 接続副詞を使いながら、2つの文章をつなぐ。
ちなみに、接続副詞とは接続詞の働きをする副詞のことです。

この英文は（2）のパターンで、空欄には接続副詞が入ります。したがって、どの副詞を入れればいいかは、空欄に入る接続副詞を挟んで2文がどのような関係でつながっているのかを考えなければなりません。
セミコロン前で「航空運賃が上昇したときに航空会社はあまり多くの予約を見込んでいなかった」と言っていて、空欄後で「予約件数は10パーセントも増加した」と言っています。これら2文をつないで使える接続副詞は、（A）の instead「それどころか、代わりに」だけです。

私は TOEIC テストを15年間受け続けています。これまでセミコロンを使った英文が出題されたことはなかったのですが、最近出題されました。セミコロンの使い方を覚えましょう。

訳

航空運賃が上昇したことで、航空会社はあまり多くの予約を見込んでいませんでした。ところが逆に、予約件数は10パーセントも増加しました。

**英語の
筋トレ84**

セミコロンは、接続副詞を使いながら2つの文章をつなぐことができます。接続副詞とは接続詞の働きをする副詞のことです。

先生の指示通りに勉強したら
たった3カ月で200点以上アップ!

公務員　30代女性

　数年ぶりに育休から復帰した部署では英語を使った業務があり、英語の勉強の指標として TOEIC の勉強を始め、2019年8月から中村澄子先生の教室に通い始めました。

　受講前の 2019 年 7 月の試験のスコアは 615 点（L370 R245）でした。

　それが、受講後の 2019 年 10 月には 805 点（L430 R375）、さらに翌 11 月の試験では 840 点（L450　R390）、すなわち 225 点アップしました。たった数カ月でここまで点数がアップするとは、正直、思ってもいませんでした。

なぜここまで点数がアップしたか?

　それは、中村先生の指示通り勉強したからです。

　各パートの主な勉強は、次の通りです。

　パート1　公式問題集（赤、青、灰、黄）を1周のみ。

　パート2　毎日通勤の徒歩時（片道 25 分）にリスニング。授業内で教わったチェックシート（疑問詞や各解答の根拠をチェックするもの）も私自身の頭の整理と記憶の保持に本当に役立ちました。

　パート3　授業で教えてもらったやり方で毎日通勤の電車内（片道 35 分）で解答ページを見ながらリスニング。本番でも答えの網を張りながら聞くことができました。

　パート4　公式問題集（赤、青、灰、黄）を1周のみ。

　パート5　授業で配布された問題＋『千本ノック!』を自宅

で約30問／日。

パート6 公式問題集（赤、青、灰、黄）を1周のみ。

パート7 自宅で毎晩ストップウォッチで計りながら1日3題以上。

　試験本番中に一秒も無駄にしないために、マークシート用シャープペンを使うと早い、見本のようにマークシートを塗りつぶさなくても3，4回塗ればよい、手の移動を少なくする問題とマークシートの配置や問題用紙の折り方等々の実践的な方法も私にとっては初耳だったので、今回の点数アップに大変寄与しました。

　朝起きてから夜寝るまで（仕事中は除く）、常に首からイヤホンをさげて、時間ができたらすぐにリスニングができる状態にしていました。夜はタイマーでパート2や授業の音源をかけながら眠りに落ちました。また公式問題集のリスニング、授業関連の音源は、スマートフォンに全て取り込み、パート2、パート3の解答ページ、授業で配布されたパート5の問題は縮小コピーして持ち歩きしやすくしていました。

　試験当日は、勉強してきたものと同じような問題が驚くほど多くあり、自信をもって解答することができました。問題を解きながら先生の解説の声が聞こえてくるようでした。

　正直なところ、800点を超えたからといって、英語を使う業務がスムーズになった！ということは残念ながらありませんでしたが、自分に自信を持てるようになったのは大きな変化です。

　TOEICの専門家である中村先生は、長年にわたりご自身で実際にTOEICを受けたうえで細かく分析し、研究を重ねています。自分が問題を抱えているときは、やはりその道のプロフェッショナルに教えを請うのが、一番近道です。

TOEIC®
LISTENING
AND
READING TEST

Lesson

4

好球必打の

28問

絶対に間違えない、
得意な問題とジャンルを着実に増やしていく。
完投勝利目指して、
地道な努力を続けましょう！

できたら…○
できなかったら…×

次の選択肢の中から正しいものを選びなさい。

After enjoying a (　　　) increase in sales last quarter, the company decided to boost its marketing budget by 50%.

(A) moderately

(B) moderation

(C) moderator

(D) moderate

単 語 の 意 味

increase in ～······························～の増加、～の上昇
quarter [kwɔ́:rtər]·····················四半期、四分の一
boost [búːst]······························～を引き上げる、高める

難易度… ★ ★ ★ ☆ ☆

解 説

形容詞の問題です。

選択肢に似た形の単語が並んでいるので、品詞問題かもしれないと考えます。品詞問題の場合、空欄前後が重要になります。

空欄直前は冠詞の a で、直後は名詞の increase です。
a (　　) increase が動名詞 enjoying の目的語になっているとわかります。
目的語になるのは名詞か名詞句です。
a (　) increase が名詞句になるには、空欄には名詞 increase を修飾する形容詞が入るはずです。
選択肢の中で形容詞は(D)の moderate「緩やかな、適度な」しかありません。

moderate increase in ～「～の緩やかな増加」という表現はビジネス関連の英文でよく使われます。

訳

前四半期に売上が緩やかな増加に恵まれた後、同社ではマーケティング予算を 50% 引き上げる決定をしました。

英語の
筋トレ 85

名詞を修飾するのは形容詞です。moderate は「緩やかな、適度な」という意味の形容詞です。

次の選択肢の中から正しいものを選びなさい。

Staff and managers have been working (　　) to ensure that the production quota is met so that no penalties are incurred.

(A) industries

(B) industriously

(C) industry

(D) industrious

単 語 の 意 味

ensure [ɪnʃúər]……………………〜を確かにする、確実にする
quota [kwóutə]……………………（販売などの）ノルマ、割り当て
so that 〜……………………………〜するように
penalty [pénəlti]……………………ペナルティー、罰金、罰則
incur [ɪnkə́:r]……………………………〜を負う、受ける、被る

解説

副詞の問題です。

選択肢に似た形の単語が並んでいるので、品詞問題かもしれないと考えます。品詞問題の場合、空欄前後が重要になります。

空欄直前は have been working と、動詞部分が現在完了形でかつ進行形（能動態）になっています。**動詞を修飾するのは副詞**なので、副詞の(B) industriously「懸命に、精を出して」を選べば正しい英文になります。

副詞は動詞、形容詞、他の副詞、副詞句、節、文全体を修飾します。

簡単な問題ですが、動詞部分が現在完了形になっていたり、受動態や進行形になっていたり、この問題のように現在完了形でかつ進行形になっていたりすると間違える人がいます。
形はどのようであれ、動詞を修飾するのは副詞です。

訳

ペナルティーが発生しないよう生産ノルマを守るべく、スタッフもマネージャーも、懸命に仕事をしています。

英語の筋トレ 86

動詞を修飾するのは副詞です。動詞部分が現在完了形でかつ進行形（能動態）になっていても同じです。industriously は「懸命に、精を出して」という意味の副詞です。

第**87**問

できたら…○
できなかったら…×

次の選択肢の中から正しいものを選びなさい。

Unfortunately, Ms. Younker is unable to join the opening of the branch office (　　　) a previous commitment.

(A) in spite of

(B) even if

(C) as

(D) due to

単 語 の 意 味

unfortunately [ʌnfɔ́:rtʃənətli]…残念ながら、あいにく
be unable to 〜………………………〜することができない
branch office…………………………支店
previous [prí:viəs]…………………前の、以前の
commitment [kəmítmənt]………約束、責務

解説

群前置詞の問題です。

選択肢にはさまざまな前置詞や接続詞が並んでいます。
空欄前は節（S＋V）ですが、空欄後は a previous commitment
「先約」と名詞句です。
名詞や名詞句の前に入るのは、前置詞か前置詞の働きがある群
前置詞です。選択肢の中で前置詞の用法があるのは、(A)の in
spite of と (C)の as と (D)の due to です。
どれが正解かは英文の意味を考えます。
空欄前までで、「残念ながらヤンカーさんは支店の開所式に参
加することができない」と言っています。空欄後は a previous
commitment「先約」なので、参加できない理由を述べている
のだと推測できます。
理由を表す群前置詞である(D)の due to「〜のせいで、〜のお
かげで」が正解です。
この問題が難しいのは空欄後にヒント語として a previous
commitment という表現が使われている点です。due to は何度
も出題されている表現ですが、以前はヒント語がもう少し簡単
でした。最近の TOEIC テストはビジネスでよく使われる少し
フォーマルな表現がヒント語として使われるケースが増えてい
ます。
(A)in spite of「〜にもかかわらず」、(B)even if「たとえ〜で
も」(C)as「〜のように、〜のときに、〜なので、〜として」
では文意が通りません。

訳

残念ながらヤンカーさんは先約があるため、支店の開所式に参加すること
ができません。

**英語の
筋トレ 87**

due to 〜は「〜のせいで、〜のおかげで」という意味
の群前置詞です。同じ意味の群前置詞、because of
〜、owing to 〜、on account of 〜も出題されます。

次の選択肢の中から正しいものを選びなさい。

Purist Systems, Inc. is known for its (　　), and has just been awarded a contract to install a state-of-the-art sound system in Kent Hall.

(A)　reliability

(B)　responsibility

(C)　recognizability

(D)　availability

単 語 の 意 味

be known for ～························～で知られている、有名である
award ～ a contract············～に契約を発注する
install [ɪnstɔ́ːl]····························～を設置する
state-of-the-art·····················最新式の、最先端の

難易度… ★ ★ ★ ☆ ☆

解 説

語彙問題です。

語彙問題は英文を読み、全体の意味を考えなければなりません。

「ピュリスト・システムズ社はその〜で有名で、ケント・ホールに最新の音響システムを設置する契約をちょうど受注したところだ」という英文で、「〜」部分に何を入れればいいのかを考えます。

(A)の reliability「信頼性」であれば、文意が通ります。
reliability は名詞で、頻繁に使われる reliable「信頼できる」の派生語です。
253 ページに掲載の形容詞 dependable の派生語である名詞 dependability と同義語です。

(B)responsibility「責務、職責」、(C)recognizability「認知度、知名度」、(D)availability「利用できること、入手可能性」では文意が通りません。

訳

ピュリスト・システムズ社は信頼性に定評があり、ケント・ホールに最新の音響システムを設置する契約をちょうど受注したところです。

英語の
筋トレ 88

reliability は「信頼性」という意味の名詞です。

第89問

次の選択肢の中から正しいものを選びなさい。

Employees should not publish (　　) on their social media accounts that could bring embarrassment to the firm.

(A) none

(B) some

(C) anything

(D) every

単 語 の 意 味

publish [pʌ́blɪʃ]······························～を発表する、公表する、出版する
embarrassment [ɪmbérəsmənt]·····きまり悪さ、困惑、当惑

解説

代名詞の問題です。

空欄には他動詞 publish の目的語になるものを入れなければならないとわかります。

目的語には、名詞か代名詞しか入りません。
(B)some と(D)every は形容詞なので、後ろに名詞を置かなければならないため間違いだとわかります。
(A)の none は「どれも（誰も）〜ない」という否定の代名詞ですが、空欄の少し前に not という否定語が入っているため、使うことができません。(B)の some には形容詞以外に代名詞としての用法がありますが、「多少、いくらか」という意味になるのでここでは使えません。
anything は、肯定文では「何でも、どんなことでも」という意味の代名詞ですが、not 〜 anything で「何も〜ない」となり、完全否定の意味で使うことができます。(C)の anything を入れれば「従業員は、どんなものもソーシャルメディアアカウントに載せるべきではない」となり、文意も通ります。

not 〜 anything は、nothing 一語で言い換えられます。
また、anything 〜 not のように、anything の後ろに not がくることはありませんので気を付けましょう。

訳

従業員は、会社に迷惑が掛かる恐れのあるものは一切自分のソーシャルメディアアカウントに載せるべきではありません。

英語の
筋トレ89

not 〜 anything で「何も〜ない」という意味になり、
nothing で言い換えることができます。

できたら…○
できなかったら…×

次の選択肢の中から正しいものを選びなさい。

In case of fire, all hotel guests are required to (　　) the premises immediately, using the staircase closest to their room rather than the elevators.

(A) preserve

(B) descend

(C) vacate

(D) explore

単 語 の 意 味

in case of ～ ···························· 万が一～の場合に備えて
guest [gést] ······························ 客、宿泊客
premises [prémɪsɪz] ················ (複数形で) 敷地、建物、土地
immediately [ɪmíːdiətli] ·········· 直ちに、すぐに
staircase [stéərkèɪs] ··············· 階段
rather than ～ ·························· ～よりむしろ

答え　(C) vacate

解説

適切な意味の動詞を選ぶ問題です。

適切な意味の動詞を選ぶ問題は語彙問題と同じで、英文を読んで、全体の意味を考えなければなりません。

空欄前が all hotel guest are required to「全宿泊客は〜するように要求される」で、空欄後が the premises「敷地、建物」です。これらをつなげて文意が通るのは、(C)の vacate「〜を立ち退く、明け渡す」しかありません。

この問題で特に特にヒントになるのは空欄後に置かれた premises です。
(A)preserve「〜を保存する」だと「建物を保存するように求められる」、(B)descend「〜を降りる」だと「建物を降りるように求められる」、(D)explore「〜を探求する」だと「建物を探求するように求められる」となり、文意が通りません。
(C)vacate であれば「建物を立ち退くように求められる」となり、文意が通ります。正解は(C)の vacate です。
vacate the premises という表現は、賃貸契約などで家賃を滞納した際の条件として頻繁に使われる言い方なので、少し力があれば (　) the premises 部分をチェックしただけで正解を推測できます。

訳

火災時には、宿泊客は全員エレベーターでなく最寄りの階段を使い、速やかに敷地外へ出なければなりません。

**英語の
筋トレ90**

vacate the premises で「建物を立ち退く、建物を明け渡す」という意味になります。

第 **91** 問

次の選択肢の中から正しいものを選びなさい。

As the (　　) provider of industrial machine parts in the area, DiaMend Industries has an extensive network of experienced sales representatives.

(A) competent

(B) leading

(C) compatible

(D) sustainable

単 語 の 意 味

provider [prəváidər]················供給業者、供給者
industrial [ındÁstriəl]···············産業の、業界の
part [pá:rt]·····························部品、パーツ
extensive [ıksténsıv]·············広範囲の、大規模な
experienced [ıkspíəriənst]······経験豊かな、ベテランの
sales representative···········営業担当者、販売員

解説

語彙問題です。

語彙問題は英文を読み、全体の意味を考えなければなりません。
コンマ以降の主節で「ダイアメンド・インダストリーズは経験豊富な営業マンの幅広いネットワークを持っている」と言っています。as にはさまざまな品詞や意味がありますが、コンマまでを読むと、文頭の As は「…として」という前置詞として使われていると推測できます。

(B)の leading「主要な、有数の」を入れれば、文頭からコンマまでの修飾語部分が「この地域での産業用機械部品の主要な供給業者として」となり、文意が通ります。
少し力があれば、As the (　) provider of industrial machine parts 部分をチェックするだけで解けます。

leading は leading company「主要企業」、leading industry「主要産業」などのように、ビジネスで頻繁に使われます。

(A)competent「有能な、適任な」は人を形容するため、ここでは使えません。(C)compatible「互換性のある、両立できる」、(D)sustainable「持続可能な、維持できる」では文意が通りません。

訳

この地域における産業用機械部品の主要な供給業者として、ダイアメンド・インダストリーズは経験豊富な営業マンの幅広いネットワークを有しています。

英語の
筋トレ 91

leading は「主要な、有数の」という意味の形容詞で、leading company や leading industry などのようにビジネスで頻繁に使われます。

第92問

次の選択肢の中から正しいものを選びなさい。

(　　) submitted, proposals are immediately sent to the mayor's office where they are thoroughly reviewed by committee members.

- (A) Once
- (B) After
- (C) Yet
- (D) Already

単 語 の 意 味

submit [səbmít]······················〜を提出する
proposal [prəpóuzl]·················提案、提案書
immediately [ɪmíːdiətli]···········直ちに、すぐに
mayor [méɪər]··························市長
thoroughly [θə́ːrouli]··············徹底的に、入念に
review [rɪvjúː]························〜を精査する、見直す
committee [kəmíti]··················委員会

解説

接続詞の問題です。

空欄の後ろには submitted という動詞の過去形もしくは過去分詞があります。

ここでは、空欄後に proposals are（主語＋動詞）が省略されていると考えられるので、過去分詞だと判断できます。その場合、コンマ前もコンマ後も節 [S（主語）＋V（動詞）] なので、節と節を結ぶのは接続詞だとわかります。

選択肢のすべてに接続詞の用法があります。英文の意味を考えて、どの接続詞であれば文意が通るかを考えます。

空欄後コンマまでで「（提案書が）提出される」とあり、コンマ以降では「直ちに市長室に送られ、委員会のメンバーによって入念に精査される」と言っています。

これらをつないで文意が通るのは(A)の Once か(B)の After しかありません。

once submitted という言い方はよく使われるので、日ごろから英文を読み慣れていれば一瞬でわかる問題ではありますが、そうでない人にとっては間違っても仕方ない問題です。

どちらの接続詞がより適切かという観点で考えましょう。

(A)の Once「〜するとすぐに、いったん〜すると」であれば、「一度〜されると」という意味になるので、時間を置かずにすぐに市長室に送られるというニュアンスになります。

一方、(B)の After「〜の後に」であれば、もしかすると1年先かもしれませんし、5年先かもしれません。

訳

提案書は、一度提出されると直ちに市長室に送られ、委員会のメンバーによって入念に精査されます。

**英語の
筋トレ92**

once は「〜するとすぐに、いったん〜すると」という意味の接続詞です。

第93問

次の選択肢の中から正しいものを選びなさい。

Please note that patient files must be kept in a ( ) location, except when being examined by authorized medical personnel.

- (A) immediate
- (B) secure
- (C) extended
- (D) organized

単 語 の 意 味

note [nóut]‥‥‥‥‥‥‥‥‥‥‥‥〜に注意する、気付く
except when‥‥‥‥‥‥‥‥‥‥〜でない限り
examine [ɪgzǽmən]‥‥‥‥‥‥‥‥〜を調べる、検査する
authorized [ɔ́:θəràɪzd]‥‥‥‥‥‥認可された、公認された
personnel [pə̀:rsənél]‥‥‥‥‥‥‥職員、人員、要員

解 説

語彙問題です。

語彙問題は英文を読み、全体の意味を考えなければなりません。
「許可された医療関係者により閲覧される以外は、カルテは〜場所に保管されていなければならないということにご注意ください」という英文で、「〜」部分に何を入れればいいのかを考えます。

in a (　) location はカルテの保管場所に関する説明だとわかります。
したがって、「安全な場所」という意味になる、(B)の secure「安全な、確実な」が正解だとわかります。

secure という単語自体は知っていても、動詞としての secure「〜を確保する、獲得する」しか知らない人が少なくありません。一つの単語には複数の品詞や意味がある場合が多いので、気を付けましょう。
動詞としての secure も過去に出題されています。形容詞、動詞両方の用法を覚えましょう。

(A)immediate「即時の、迅速な」、(C)extended「延長された、広範な」、(D)organized「整理された、組織立った」では文意が通りません。

訳

許可された医療関係者により閲覧される以外は、カルテは安全な場所に保管されていなければならないということにご注意ください。

英語の
筋トレ 93　　　secure は動詞以外に、形容詞の用法があり「安全な、確実な」という意味になります。

第94問

次の選択肢の中から正しいものを選びなさい。

Because of (　　) pressure to reduce waste, more and more companies are using packaging made from recycled materials.

(A) growing

(B) growable

(C) grown

(D) grow

単 語 の 意 味

reduce [rɪd(j)úːs]·····················〜を削減する、減らす
waste [wéɪst]··························廃棄物、無駄
packaging [pǽkɪdʒɪŋ]···············梱包、包装（材料）
recycle [rìːsáɪkl]·····················〜を再生利用する
material [mətíəriəl]··················原料、素材、資料

解説

分詞の問題です。

分詞には現在分詞（〜 ing）と過去分詞（〜 ed）があります。
両方とも形容詞的に用いられることが多いです。
分詞は形容詞の働きをするので、名詞を修飾します。

現在分詞は「〜している、〜する」という能動的な意味になり、過去分詞は「〜された、〜される」という受動的な意味になる場合が多いので、訳してみればどちらが正解なのかわかります。

動詞の grow は「増える、増大する」という意味です。
動詞の意味をヒントに、空欄前後を訳してみると、「増えている圧力、増大している圧力」とつなげるのが自然だとわかります。「〜している、〜する」という能動的な意味は現在分詞で表しますので、(A)の growing が正解になります。

分詞の使い方としては、修飾する「名詞の前に来る」用法と、「名詞の後ろに来る」用法があります。この英文では修飾する語が1語なので、分詞は前から後ろの名詞 pressure を修飾しています。
分詞は形容詞の働きをしますが、分詞の中には既に形容詞になっているものもあり、growing も既に形容詞となっているので、形容詞を選ぶ問題と考えても構いません。

訳

廃棄物削減への圧力が高まるなか、より多くの企業がリサイクル材から作られた梱包材を使用するようになってきています。

英語の
筋トレ 94

分詞は形容詞の働きをし、名詞を修飾します。「〜している、〜する」と能動的な意味になる場合には、現在分詞を使います。

第95問

次の選択肢の中から正しいものを選びなさい。

As of December 1, all Gibson supermarkets (　　)
in-store cooking classes to show customers how
various foods can be served.

(A)　offers

(B)　will be offering

(C)　was offering

(D)　has been offered

単 語 の 意 味

as of 〜……………………………〜以降、〜現在で
in-store………………………………店内の
customer [kʌ́stəmər]……………顧客、取引先
various [véəriəs]…………………さまざまな、多様な

解説

時制の問題です。

選択肢にはさまざまな時制の動詞が並んでいるので、時制の問題だとわかります。

文頭の As of がヒントになります。
as of には「〜以降」と「〜現在で」という意味があります。
英文全体の意味を考えれば、ここでは「〜以降」という意味で使われていると考えられます。
したがって、空欄には未来時制が使われるはずです。
未来時制は(B)の will be offering だけです。

will be offering は未来進行形です。
未来進行形は will be 〜 ing の形で表し、未来のある時点で行われている最中の動作や、未来のある時点に行う予定になっている動作を表すときに使います。この問題は後者の方です。

訳

12月1日より、ギブソン・スーパーマーケットでは全店で、さまざまな食材の出し方を客に教える料理教室を店内で開催します。

英語の
筋トレ 95

未来進行形は、未来のある時点で行われている最中の動作や、未来のある時点に行う予定になっている動作を表すときに使います。

第96問

次の選択肢の中から正しいものを選びなさい。

Britanian Industries (　　) hard to ensure that each one of its products exceeds industry standards in order to maintain its high level of customer satisfaction.

(A) was worked

(B) is working

(C) are working

(D) work

単 語 の 意 味

ensure [ɪnʃúər]·······················～を確実にする、保証する
product [prá:dəkt]·················製品、生産品
exceed [ɪksíːd]·······················～を上回る、超える
in order to ～····························～するために
maintain [meɪntéɪn]···············～を維持する、保つ
customer satisfaction········顧客満足度、顧客満足

解説

主語と動詞の一致＋態を問う問題です。

この英文の主語は Britanian Industries と企業名です。企業名は単数扱いです。

空欄後は副詞の hard なので、空欄部分には動詞が入るはずだとわかります。

選択肢は全て動詞です。主語が単数名詞の場合、単数名詞に対応する動詞として使えるのは、(A)was worked と(B)is working だけです。
(A)は受動態、(B)は能動態です。どちらが正解かは、主語と動詞の意味的な関係を考えます。
主語が Britanian Industries で、動詞が work なのでブリタニアン・インダストリーズが一生懸命に仕事をする、と能動的につなげるのが自然です。したがって、能動態である(B)の is working が正解です。

work hard で「一生懸命働く、苦心する、精を出す」という意味になります。

訳

高レベルの顧客満足度を維持するために、ブリタニアン・インダストリーズでは、それぞれの製品が確実に業界基準を上回るよう努めています。

英語の
筋トレ 96

企業名は語尾に –s が付いていても、単数扱いになります。

次の選択肢の中から正しいものを選びなさい。

Most of the marketing team members have been ( ) with the Danforth Digital campaign, so they were given permission to miss this morning's meeting.

(A) occupy

(B) to occupy

(C) occupied

(D) occupying

単 語 の 意 味

most of ～……………………………～のほとんど、～の大部分
permission [pərmíʃən]…………許可、認可、承認
miss [mís]………………………～を欠席する、見逃す

解説

態を問う問題です。

選択肢には動詞 occupy「〜を忙しくさせる、従事させる」のさまざまな形が並んでいます。
空欄後からコンマまでは前置詞＋名詞句なので、修飾語だとわかります。したがって、チェックしなければならないのは
Most of the marketing team members have been ( ) 部分です。この部分の主語は Most of the marketing team members で、動詞が have been ( ) です。

まず、能動態になるのか受動態になるのか、態について考えます。
能動態なのか受動態なのかは、主語と動詞の意味的な関係を考えなければなりません。
主語が「マーケティングチームのほとんどのメンバー」なので、「忙しくさせられた」となるはずなので、受動態にしなければなりません。
受動態にするには、過去分詞である(C)の occupied を入れればいいとわかります。正解は(C)occupied です。

「態を問う問題」は頻出問題です。能動態、受動態ともに出題されますが、受動態の出題の方が多いです。

訳

マーケティングチームのほとんどのメンバーはダンフォース・デジタルのキャンペーンに忙しく、今朝の会議への欠席が許可されました。

英語の筋トレ 97

occupy「〜を占める」としてしか覚えていない人は空欄前後を訳せないかもしれません。occupy という単語が持っているニュアンスや、さまざまな意味を覚えておきましょう。

第98問

次の選択肢の中から正しいものを選びなさい。

Service levels provided by the conference center were well above (　　), so we will hold the event there again next year.

(A) expectations

(B) expectable

(C) expectant

(D) expects

単 語 の 意 味

provide [prəváid]……………………〜を提供する、与える
above [əbʌ́v]……………………………〜を上回って、〜より上に
so [sóu]……………………………………それで、だから、なので

解説

名詞の問題です。

空欄直前の above は「〜を上回って、〜より上に」という意味の前置詞です。
前置詞の後ろに続くのは名詞か名詞句なので、空欄には名詞が入ります。

選択肢の中で名詞は(A)の expectations「予想、期待」と(C)の expectant「期待している人、（採用）予定者」だけです。expectant では文意が通りませんが、expectations であれば文意が通ります。したがって、(A)の expectations が正解です。また、expectant は他にも形容詞として「期待をもった」という意味で使われることも多いです。

ちなみに above の前に置かれている well「かなり」は above expectations（前置詞＋名詞）という副詞句を修飾する副詞です。

訳

会議場のサービスレベルは予想をかなり上回るものだったので、来年のイベントもまたそこで行うことにします。

英語の
筋トレ 98

前置詞の後ろには名詞か名詞句が続きます。

次の選択肢の中から正しいものを選びなさい。

Many retailers experienced high sales volumes this quarter because the consumption tax will ( ) be increased.

    (A) soon

    (B) still

    (C) already

    (D) rather

単 語 の 意 味

retailer [rí:tèɪlər]·····················小売業者、小売店
experience [ɪkspíəriəns]··········～を経験する
sales volume·····················売上高
quarter [kwɔ́:rtər]·····················四半期
consumption tax·················消費税

解 説

適切な意味の副詞を選ぶ問題です。

選択肢はどれも誰もが意味を知っているだろう、比較的簡単な副詞が並んでいます。英文の意味を考えて、文意に合う副詞を選ばなければなりません。

文頭から this quarter までの主節で「小売業者の多くは今四半期、売上高が伸びた」と言っています。
because に続く従属節ではその理由を述べていて、「消費税が〜引き上げられる」と言っています。

売り上げが伸びる理由として、消費税が上がる直前の駆け込み需要が推測されます。したがって、(A)の soon「間もなく、もうすぐ」が正解だとわかります。soon 自体は簡単な単語ですが、英文の意味を正確にとれなければ正解できません。

(B)still「まだ、今もなお」、(C)already「すでに、もう」、(D)rather「かなり、いくぶん」では文意が通りません。

訳

消費税が間もなく引き上げられるのに伴い、小売業者の多くは今四半期、売上高が伸びました。

英語の
筋トレ 99

soon は「間もなく、もうすぐ」という意味の副詞です。

第**100**問

次の選択肢の中から正しいものを選びなさい。

After the funds are (　　) to each department, managers can begin to purchase the necessary office equipment and other supplies.

(A) enhanced

(B) allocated

(C) implemented

(D) devoted

単 語 の 意 味

fund [fʌ́nd]·······························資金、基金
purchase [pə́ːrtʃəs]···················〜を購入する、買う
office equipment················事務機器、オフィス機器
supplies [səpláɪz]·····················備品、事務用品、供給品

解説

適切な意味の動詞を選ぶ問題です。

適切な意味の動詞を選ぶ問題は語彙問題と同じで、英文を読んで、全体の意味を考えなければなりません。しかし、この問題の場合は空欄前後を見るだけで正解できます。

コンマまでで After the funds are (　　) to each department 「各部署に資金が〜された後で」と言っています。
コンマまでの節の主語が the funds で動詞部分が are (　　) と受動態になっており、空欄の後ろが to です。
この部分をチェックすれば、「資金が各部署に割り当てられる」だとわかります。したがって、allocate「〜を割り当てる、配分する」の過去分詞である(B)の allocated が正解です。

allocate funds や、the funds are allocated という表現はビジネスで頻繁に使われます。また、allocate は過去に何度も出題されている単語なので、ほとんどの単語本に掲載されているはずです。

(A)enhanced「強化された」、(C)implemented「実行された」、(D)devoted「ささげられた」では文意が通りません。

訳

各部署に資金が割り当てられた後で、マネージャーは必要な事務機器やその他の備品を購入し始めることができます。

英語の
筋トレ100

allocate A to 〜で「Aを〜に割り当てる」という意味になります。

第101問

次の選択肢の中から正しいものを選びなさい。

Ken Hill, the new general manager at RBN Jewelry, told staff that they could come to him to discuss any problem, (　　) it may be.

- (A) whatever
- (B) that
- (C) whoever
- (D) something

単 語 の 意 味

general manager……………… 支配人、（本）部長
discuss [dɪskʌ́s]………………（〜について）話し合う、意見を交わす

解説

複合関係代名詞の問題です。

複合関係詞とは、関係詞に -ever のついた形で、名詞節と副詞節を導くことができます。whatever について、それぞれの例を挙げて説明します

〈例1〉名詞節 「（〜する）ものは何でも」
　　I will buy you whatever you like.
　　「好きなものはなんでも買ってあげよう」
　　whatever が名詞節を導き、動詞 buy の目的語になります。

〈例2〉副詞節 「何が〜しようとも、〜が何であろうとも」
　　Whatever may happen, I won't change my mind.
　　「何が起ころうとも、決心は変わりません」
　　whatever が副詞節を導き、文全体を修飾します。

問題文では、Ken Hill 〜 discuss any problem までが完全な文になっています。したがって、空欄には it may be を前の文につなげる働きを持つものが入ります。
上に挙げた〈例2〉（副詞節）whatever であれば、whatever it may be 「それ（問題）が何であろうとも」となり、前の文につなげて使うことができます。正解は(A)の whatever です。
〈例1〉名詞節の whatever も出題されています。

訳

RBN ジュエリーの新しい支配人であるケン・ヒルは、何事であれ問題があれば自分のところに話に来て構わないとスタッフに伝えました。

英語の
筋トレ101　　複合関係代名詞の whatever は副詞節を導き、文全体を修飾できます。

第**102**問

できたら…○
できなかったら…×

次の選択肢の中から正しいものを選びなさい。

Because the contract (　　) date is just around the corner, we need to meet with the tenant to discuss the terms of a new agreement.

(A)　termination

(B)　terminate

(C)　terminated

(D)　to terminate

単 語 の 意 味

contract [kά:ntrækt]················ 契約、契約書
around the corner················ 間近に、すぐ近くに
tenant [ténənt]····················· テナント、賃借人
terms [tə́:rmz]······················· (複数形で)条件
agreement [əgríːmənt]············ 契約(書)、同意(書)

解説

複合名詞の問題です。

選択肢の形が似ているので、品詞問題かもしれない、と考えましょう。品詞問題では空欄前後が重要になります。

コンマ以降が主節で、文頭の接続詞 Because に続く節が従属節になっています。接続詞の後ろには節［S（主語）＋V（動詞）］がきます。従属節部分の主語は the contract（　）date で、動詞が is だとわかります。

主語になるのは名詞か名詞句なので、the contract（　）date 部分が名詞句になるはずです。そのためには空欄には名詞を入れなければなりません。

名詞である(A)の termination「終了、満了」が正解です。

termination は名詞ですが、形容詞的に date を修飾し、termination date（名詞＋名詞）で一つの名詞になり、「終了日」という意味を表す複合名詞です。

さらにその前に名詞である contract を置き、形容詞的に termination date を修飾し、contract termination date「契約終了日」となっています。名詞が3つ並んで一つの名詞を作っている、少し複雑な複合名詞の問題です。

空欄には date を修飾する形容詞が入るべきと思った人もいると思いますが、空欄に形容詞が入るのであれば、空欄直前は名詞の contract ではなく、形容詞を修飾する副詞 contractually「契約上、契約によって」が入るはずです。

訳

契約の終了日がもうすぐなので、新しい契約条件について話し合うためテナントと面会する必要があります。

英語の
筋トレ102

contract termination date は名詞が3つ続いて一つの名詞を作っている、いわゆる複合名詞です。

第**103**問

次の選択肢の中から正しいものを選びなさい。

The shipment of the latest swimwear and summer clothing arrived at the department store (　) in time for the hot weather.

(A) when

(B) also

(C) still

(D) just

単 語 の 意 味

shipment [ʃípmənt]⋯⋯⋯⋯⋯⋯積荷、発送（品）、出荷
latest [léitist]⋯⋯⋯⋯⋯⋯⋯⋯最新の、最近の

解説

適切な意味の副詞を選ぶ問題です。

when は接続詞ですが、also、still、just は副詞です。
空欄以降は節ではないので、接続詞である(A)の when は間違いです。
(B)also、(C)still、(D)just のどれが正解かは、英文全体の意味を考えなければなりません。

空欄前までで「新作の水着と夏服の入った荷物がデパートに到着した」と言っており、文が完結しています。空欄直後に in time for 〜「〜に間に合うように」が続いているので「暑い季節に間に合うように」という意味になり、空欄部分がなくても意味が通ります。
したがって、空欄には in time for を補足する語が入るとわかります。
(D)の副詞 just「ちょうど」であれば、「ちょうど間に合うように」となり、文意が通ります。

(B)の also は「〜もまた、同様に」、(C)の still は「まだ、なお」という意味の副詞なので、文意が通りません。

訳

新作の水着と夏服の入った荷物が、暑い季節にちょうど間に合うようにデパートに到着しました。

英語の
筋トレ 103

in time for 〜は「〜に間に合うように」という意味のイディオムで、副詞の just「ちょうど」がその意味を補足し、just in time for 〜で「〜にちょうど間に合うように」となります。

第104問

次の選択肢の中から正しいものを選びなさい。

Mountain Beverages (　　) sells a higher volume of sports drinks than its competitors, and demand for its products is still rising.

(A) highly

(B) regularly

(C) gradually

(D) initially

単語の意味

beverage [bévərɪdʒ]················飲料
a volume of ～······················たくさんの～、多量の～
competitor [kəmpétətər]·········競合他社、競争相手、ライバル
demand for ～······················～に対する需要
product [prá:dəkt]····················製品、生産品
rise [ráɪz]·······························増大する、上昇する

解説

適切な意味の副詞を選ぶ問題です。

選択肢にはさまざまな副詞が並んでいるので、適切な意味の副詞を選ぶ問題だとわかります。英文の意味を考えて文意に合う副詞を選ばなければならないので、語彙問題に似ています。

「マウンテンビバレッジは〜ライバル会社に比べ多くのスポーツ飲料を売り上げていて、同社製品への需要はいまだ上昇傾向にある」という英文で、「〜」部分に入れて文意が通る副詞は何かを考えます。
(B)の regularly「恒常的に、通常」であれば、文意が通ります。

(A)highly「非常に、大いに」、(C)gradually「次第に、徐々に」、(D)initially「初めは、最初に」では文意が通りません。

regularly =「規則正しく、定期的に」という意味しか覚えていない人は正解できません。英単語を覚えるときは、「英単語」→「一つの日本語での意味」で覚えるのではなく、できればそれぞれの単語が元々持っているニュアンスを英文の中でマスターするようにしましょう。そうでなければ正解できない語彙問題の出題が最近は増えています。

訳

マウンテンビバレッジは通常、ライバル会社に比べ多くのスポーツ飲料を売り上げていますが、同社製品への需要はいまだ上昇傾向にあります。

**英語の
筋トレ 104**

regularly は「恒常的に、通常」という意味の副詞です。

第**105**問

次の選択肢の中から正しいものを選びなさい。

The owners of Burger Barn restaurant pride (　　) on offering high-quality vegetables and meat products that are produced locally and sold at affordable prices.

(A) themselves

(B) them

(C) they

(D) their

単 語 の 意 味

offer [ɔ́:fər]······························～を提供する、与える
high-quality··························質の高い
produce [prəd(j)úːs]···············～を生産する、製造する
locally [lóukəli]··························地元で
affordable [əfɔ́:rdəbl]··············手頃な価格の

解説

代名詞の問題です。

選択肢には they のさまざまな格の代名詞が並んでいます。

少し力があれば pride (　) on 部分を見ただけで、一瞬で正解は（A）の themselves だとわかります。pride oneself on 〜で「〜を自慢する、〜を誇りにする」という意味になり、よく使われる慣用表現です。

この慣用表現を知らない人は、pride という他動詞の目的語なので空欄に入るのは目的格である（B）の them か、再帰代名詞である（A）の themselves かで迷うことになります。
その場合は、次のように考えましょう。
この英文の主語は The owners of Burger Barn restaurant の The owners です。英文を読むと、「オーナー（複数形）が、（on 以下の内容のことで）オーナー自身を誇りにする」のだとわかります。

あるいは、主語と同じ人が目的語に入る場合には再帰代名詞を使う、というルールを知っていれば正解できます。正解は（A）の themselves です。

訳

バーガー・バーン・レストランのオーナーは、地元で生産される良質な野菜や肉製品を手頃な価格で提供することを誇りとしています。

英語の
筋トレ105

主語と同じ人が目的語に入る場合には、再帰代名詞 oneself を使います。pride oneself on 〜で「〜を自慢する、〜を誇りにする」という意味になります。

第106問

次の選択肢の中から正しいものを選びなさい。

The meeting always offers a lively (　　) of ideas among many key opinion leaders in the pharmaceutical industry.

- (A) impact
- (B) exchange
- (C) evaluation
- (D) procedure

単 語 の 意 味

lively [láɪvli]……………………………活発な、元気な
among [əmʌ́ŋ]……………………………〜の間で、〜のうちで
pharmaceutical [fɑ̀ːrməs(j)úːtɪkl]……製薬の
industry [índəstri]………………………業界

解説

語彙問題です。

適切な意味の動詞を選ぶ問題は語彙問題と同じで、英文を読んで、全体の意味を考えなければなりません。
「その会議はいつも製薬業界の重要なオピニオンリーダーたちの間で活発な意見の〜がある」という英文の「〜」部分に入れて文意が通るのは何かを考えます。
この問題は、the meeting always offers a lively ( ) of ideas 部分をチェックするだけで正解がわかります。この部分は「その会議はいつも活発な意見交換がある」というような意味になるのではと推測できます。
したがって、正解は(B)の exchange「交換」です。

exchange は名詞以外に、動詞「〜を交換する」としての用法もあります。exchange of ideas = exchange ideas「意見を交換する」、exchange of knowledge = exchange knowledge「知識を交換する」、exchange of information = exchange information「情報を交換する」などのようにビジネス関連の英文で頻繁に使われます。
動詞としての exchange を問う問題も 155 ページに掲載していますので、それらの使い方を一緒に覚えましょう。

(A)impact「影響、衝撃」、(B)evaluation「評価、見積もり」、(D)procedure「手順、手続き」では文意が通りません。

訳

その会議ではいつも製薬業界の重要なオピニオンリーダーたちの間で活発な意見交換がなされます。

英語の筋トレ106

exchange には名詞と動詞両方があり、exchange of ideas = exchange ideas で、「意見を交換する」という意味になります。

第107問

次の選択肢の中から正しいものを選びなさい。

From next year, Luminor Manufacturing is planning to produce a diverse (   ) of home appliances and lighting fixtures.

(A) sample

(B) range

(C) series

(D) order

単 語 の 意 味

produce [prəd(j)úːs] ················· ～を生産する、製造する
diverse [dəvə́ːrs] ····················· さまざまな、多様な
home appliances ·················· 家電製品
lighting fixture ······················ 照明器具

解説

語彙問題です。

語彙問題は英文を読み、全体の意味を考えなければなりません。

「ルミノー・マニュファクチャリングでは来年からさまざまな〜の家電製品や照明器具を生産する計画だ」という意味の英文で、「〜」部分に入れて文意が通るのはどれか考えます。

(B)の range「範囲、幅、程度」を入れて、a diverse range of「広範な」とすれば、文意が通ります。
a diverse range of 〜で「広範な〜、さまざまな〜」という意味になり、よく使われる表現です。
少し力があれば a diverse (　) of 部分をチェックするだけで正解がわかる問題です。

(A)sample「サンプル、見本」、(D)order「指令、発注、順序」では文意が通りません。また(C)の series「連続、一組」は文意が通らないだけでなく、series と複数形なので空欄の少し前に置かれた冠詞の a と一緒に使うことはできません。

訳

ルミノー・マニュファクチャリングでは、来年から幅広い家電製品や照明器具を生産する計画です。

英語の
筋トレ107

a diverse range of 〜で「広範な〜、さまざまな〜」
という意味になります。

第108問

次の選択肢の中から正しいものを選びなさい。

Based on the latest data presented by analysts at yesterday's meeting, sales of smartphones will continue to (　　) for at least one more year.

(A)　thrive

(B)　function

(C)　innovate

(D)　achieve

単語の意味

based on 〜······················〜に基づいて
latest [léɪtɪst]·····················最新の、最近の
present [prɪzént]·················〜を発表する、提出する
at least····························少なくとも

解 説

適切な意味の動詞を選ぶ問題です。

適切な意味の動詞を選ぶ問題は語彙問題と同じで、英文を読ん
で、全体の意味を考えなければなりません。

「昨日の会議でアナリストが発表した最新のデータによると、
スマートフォンの売り上げは少なくともあと一年は〜し続ける
だろう」という英文で、「〜」部分にどの動詞を入れれば文意
が通るかを考えます。

文意が通るようにするには「(売り上げが) 持続する」か、あ
るいは「(売り上げが) 伸びる」のような意味の動詞が入ると
わかります。
(A)の thrive「成長する、繁栄する」であれば「売り上げが伸
び続ける」となり、文意が通ります。

thrive という単語を「繁栄する」という意味でしか知らない人
も少なくないはずです。grow と同じで「成長する」という意
味でも使われます。

(B)function「機能する」、(C)innovate「〜を導入する」、(D)
achieve「〜を達成する」では、文意が通りません。

訳

昨日の会議でアナリストが発表した最新のデータによると、少なくともあ
と一年はスマートフォンの売り上げは伸び続けるでしょう。

**英語の
筋トレ108**

thrive には grow と同じで「成長する」という意味が
あります。continue to thrive はビジネスで頻繁に使わ
れる continue to grow とほぼ同じ意味です。

第109問

次の選択肢の中から正しいものを選びなさい。

The new garment factory in Mumbai is now complete and we expect it to be fully (   ) no later than August 20.

(A) clothed

(B) operational

(C) vulnerable

(D) feasible

単 語 の 意 味

garment [gáːrmənt]·················衣服、衣料品
complete [kəmplíːt]················完成した、完了した、終了した
fully [fúli]·····························完全に、十分に
no later than ~·····················~よりも遅れることなく、~までに

解説

語彙問題です。

語彙問題は英文を読み、全体の意味を考えなければなりません。

「ムンバイの新しい縫製工場はすでに完成しており、8月20日までには完全に〜していると思われる」という英文で、「〜」部分に何を入れればいいのかを考えます。

英文の意味から「完全に稼働している」という意味になればいいのではと推測できます。
(B)の operational「運転可能な、操作できる」が正解です。

operational という単語を知らなくても、operate「〜を運転する、操作する」や operation「運転、操作」の意味を知っていれば、意味を推測できるはずです。
fully operational「フル稼働で」という表現はよく使われます。

(A)clothed「衣服を着た」、(C)vulnerable「弱い、傷つきやすい」、(D)feasible「実行できる、実現可能な」では、文意が通りません。

訳

ムンバイの新しい縫製工場はすでに完成しており、8月20日までにはフル稼働していると思われます。

英語の
筋トレ 109

operational は「運転可能な、操作できる」という意味の形容詞です。

できたら…○
できなかったら…×

次の選択肢の中から正しいものを選びなさい。

Delray's comprehensive maintenance agreements (　　) against frequent replacement of costly machine parts.

(A) compromise

(B) evaluate

(C) extend

(D) guard

単 語 の 意 味

comprehensive [kà:mprɪhénsɪv] … 包括的な、総合的な
maintenance [méintənəns] ……… 維持、保守（管理）
agreement [əgríːmənt] ……………… 契約、合意
frequent [fríːkwənt] ………………… 頻繁に起こる、たびたびの
replacement [rɪpléɪsmənt] ………… 交換、交換品
costly [kɔ́ːstli] …………………………… 高価な、値段の高い
part [pɑ́ːrt] ……………………………… 部品、パーツ

解説

適切な意味の動詞を選ぶ問題です。

適切な意味の動詞を選ぶ問題は語彙問題と同じで、英文を読んで、全体の意味を考えなければなりません。
空欄前が maintenance agreements「メンテナンス契約」で、空欄後が against frequent replacement of costly machine parts「高額な機械部品の頻繁な交換に対して」です。
「メンテナンス契約が高額な機械部品の頻繁な交換に対して〜」の「〜」部分に何を入れれば文意が通るかを考えます。空欄直後に置かれた前置詞の against「〜に対抗して、〜に逆らって」が大きなヒントになります。「高額な機械部品の頻繁な交換を防ぐ」のような意味にすればいいのではと推測できます。
選択肢の中でそのような意味になるのは(D)の guard「守る、保護する」だけです。
最近の TOEIC テストでは7割がビジネス系の英文を使用しているとのことです。このあたりが最近のテストが難しくなったと言われる理由ですが、それは同時に、そのまま仕事で使える英文が増えているということでもあります。
空欄後に目的語が続いていないので、空欄に入る動詞は自動詞として使われていると考えます。選択肢のそれぞれの動詞には自動詞としての用法、他動詞としての用法がありますが、自動詞として使われるときには(A)compromise「譲歩する」、(B)evaluate「評価を行う」、(C)extend「伸びる、広がる」という意味になるので文意が通りません。

訳

デルレイの総合メンテナンス契約で高額な機械部品を頻繁に交換するのを防ぎます。

英語の
筋トレ110　　guard against で「〜に対して守る」という意味になります。

次の選択肢の中から正しいものを選びなさい。

(　　) when in the main offices of the plant, workers are required to wear safety helmets and goggles at all times.

(A) Except

(B) Apart

(C) Aside

(D) Then

単 語 の 意 味

plant [plǽnt]……………………… 工場
require [rɪkwáɪər]………………… ～を必要とする、要求する
at all times……………………… 常に、いつも

解説

前置詞の問題です。

空欄直後に置かれた接続詞 when の後ろに workers are が省略されています。
元の英文は、when workers are in the main office「作業員が工場の事務所内にいるとき」となり、副詞節です。

特殊な用法ですが、前置詞の except「〜を除いて」は that 節・wh 節・if 節などを後ろに伴って使うことができます。
この英文では、except wh 節（具体的には except when 〜）が使われ、「〜のとき以外は」「〜に関する場合を除いて」という意味になります。正解は(A)の Except です。

文法的に考えると難しいですが、except that 〜「〜であることを除いては」、except when 〜「〜のとき以外は」、except if 〜「〜の場合を除き」はよく使われるので、英文を読み慣れていれば瞬時に解ける問題です。

except には前置詞の他に接続詞としての用法もあります。

訳

工場の事務所内にいるときを除き、作業員は安全ヘルメットとゴーグルを常時着用することが義務付けられています。

**英語の
筋トレ 111**

expect when 〜で「〜のとき以外は」「〜に関する場合を除いて」という意味になります。

第112問

次の選択肢の中から正しいものを選びなさい。

(　　) inclement weather conditions in the Bay area, flights from Hanover Airport have been temporarily suspended.

- (A) In spite of
- (B) As a result of
- (C) On behalf of
- (D) Provided that

単 語 の 意 味

inclement [ɪnklémənt]……………（天候が）荒れ模様の、厳しい
weather condition……………気象条件、気象状態
temporarily [tèmpərérəli]………一時的に、仮に
suspend [səspénd]………………〜を一時停止する、保留する

解説

イディオムの問題です。

空欄以降コンマまでは「ベイエリアの悪天候」と名詞句です。節と節を結ぶのが接続詞なので、接続詞である(D)の Provided that「～という条件で」は名詞句の前に置いて使うことはできません。

残った(A)(B)(C)はいずれも群前置詞です。前置詞であれば名詞句の前に置いて使えます。

どれが正解かは英文の意味を考えなければなりません。
コンマ前は「ベイエリアの悪天候」で、コンマ以降の節では「ハノーバー空港からの便は一時的に中断されている」と言っています。
これらをつないで意味が通るのは、(B)の As a result of「～の結果として」しかありません。

(A)の In spite of「～にもかかわらず」、(C)の On behalf of「～を代表して、～の代わりに」では文意が通りません。

訳

ベイエリアにおける悪天候のため、ハノーバー空港からの便は一時的に中断されています。

**英語の
筋トレ112**

as a result of ～は「～の結果として」という意味で頻繁に使われる群前置詞です。

独学の閉塞感を打破!
公式問題集だけであっさり900点越え

金融関連企業勤務　40代男性

　今後、海外関連の仕事が増えることが想定されるので、将来に備えて、英語力を向上させたいと考えておりました。

　会社でも TOEIC を推奨していたので、スコアを上げておこうと考え、受けていました。TOEIC のスコア目標は「900 越え」でした。

　しかしながら、中村先生の教室に来る前は、ずいぶん長い間、800 点前後をうろちょろしていました。自分なりの勉強方法、例えば TOEIC の問題集を解いてみたり、英語のニュースを聞いたり、読んだり、仕事関連の英文を読んだり、で進めていたものの、それ以上のスコアアップは皆目見当がつかず、かなりの閉塞感を感じていました。

　ちなみに教室参加前は、830 点（L440　R390）でした。

　書店の TOEIC コーナーで中村先生の『千本ノック!』を見つけ、購入してやってみたら良かったので、閉塞感を打破したいと思って、教室に参加することにしました。

　教室に参加してみて、とても価値を感じたのは、中村先生から教えていただいた明確な方法論と、目安となる勉強のボリューム感でした。

　毎日往復の電車で片道約 1 時間 × 往復、帰宅後約 30 分〜 1 時間（できない日もありましたが）、週末は、土日どちらかに集中して、3 〜 4 時間程度勉強を進めました（本当はもう少し勉強に時間をあてたかったのですが、子供の世話など他に割くべきスケジュールをこなしたうえで確保できる分という

のが実情です）。

　　　勉強内容は、教えていただいたとおり、公式問題集のみ
を勉強しました。

　パート2　教室で教えていただいたやり方を参考に、満員の
通勤電車でも手元で答えが書き出せるようなフォーマットを
作って、それをやりました。往復の電車で問題を解き、帰っ
てから答え合わせをして、間違った問題の音を再度聞いてみ
るという繰り返しです。

　パート3　教室で教えていただいたやり方のみを実践しまし
た。かなり繰り返したと思います。

　パート4　自分の中では、パート3と比較してやや易しい
と感じていたので、自分の能力チェック（力試し）と位置づ
けて、少し頻度を落として定期的に解いていました。

　パート5, 6　最も苦手としている分野なので、問題集を繰
り返し解きました。

　パート7　最後の問題に到達するスピード感を意識しました
が、精度にも問題があったので、そこにも気を付けて、知ら
ない単語が出てきたら答え合わせの時に丁寧に拾っていきま
した。

　中村先生の授業に参加して1カ月も経たないあたりで受け
たTOEICのスコアは、まだ教室の途中でしたが915（L495、
R420）でした。

　目標としていた900越えを、あまりにあっさりと達成して
しまい、自分でも驚きました。特にリスニングは495点の満
点を取れており、まさかこんなにスコアが出るとはとびっく
りでした。

　中村先生にはとても感謝しております。今は目標を上方修
正して950点越えを自分の中において引き続き勉強を進めて
います。私の課題はどちらかといえばリーディングにあるの
で、少し腰を据えて、繰り返しを利かせながら、丁寧に、文
法、語彙力や読む精度を上げていきたいと考えております。

TOEIC®
LISTENING
AND
READING TEST

Lesson

5

連戦連勝の

28問

ここまで来たらあと一息。
そして最後まで解いたら、
最初から間違いをやり直す。
その繰り返しで勝利投手に！

次の選択肢の中から正しいものを選びなさい。

Daniel's Automotive is frequently praised by customers because of their (　) repair services.

(A) respective

(B) honorable

(C) dependable

(D) objective

単 語 の 意 味

automotive [ò:təmóutɪv] ………… 自動車の、自動車用の
frequently [frí:kwəntli] ………… 頻繁に、しばしば
praise [préɪz] ………………………… 〜を褒める、賞賛する
customer [kʌ́stəmər] ……………… 顧客、得意先

解 説

語彙問題です。

語彙問題は英文を読み、全体の意味を考えなければなりません。
「〜修理サービスのため、ダニエルズ・オートモーティブは顧客によく褒められている」という英文で、「〜」部分に何を入れればいいのかを考えます。
顧客に褒められている理由が、( ) repair services です。
修理サービスに関することなので、(C)の dependable「信頼できる、頼りになる」しかありません。

(A)の respective「それぞれの、個別の」は日本語訳だけで考えると一見正解になりそうですが、褒められる対象がそれぞれのどのようなサービスなのか、「どのような」の部分が必要です。また、(B)honorable「尊敬すべき、名誉となる」、(D)objective「目的の、客観的な」では文意が通りません。

dependable service という表現はよく使われます。dependable は、パート5でも出題されている reliable とほぼ同じ意味です。一緒に覚えましょう。
dependable は他にも dependable information「信頼できる情報」、dependable person「信頼できる人」、dependable company「信頼できる会社」など、さまざまな場面で使われます。

訳

信頼できる修理サービスのため、ダニエルズ・オートモーティブは顧客によく褒められています。

**英語の
筋トレ113**　　dependable は「信頼できる、頼りになる」という意味の形容詞です。

第114問

次の選択肢の中から正しいものを選びなさい。

( ) of the landscaping companies have provided estimates that are almost identical in terms of price.

(A) Either

(B) One

(C) Other

(D) Both

単 語 の 意 味

landscaping company········· 造園会社
provide [prəváɪd] ····················· ～を提供する、与える
estimate [éstəmèɪt] ················· 見積もり、見積書
identical [aɪdéntɪkl] ················· 同一の、等しい
in terms of ～ ·························· ～に関して、～の点から見て

解説

代名詞の問題です。

この英文の主語は ( ) of the landscaping companies 部分で、動詞が have provided で、estimates が目的語です。また、空欄直後は〈前置詞 of ＋名詞句〉で修飾語になっています。

主語になるのは名詞か名詞句です。( ) of the landscaping companies が名詞句になるには、空欄に名詞か代名詞が入るはずです。

選択肢は全て名詞か代名詞です。

動詞部分が have provided なので(B)の One は選べません。

One だと動詞部分が has provided になります。TOEIC テストは時間のない中で急いで解かなければならないため、空欄前後しかチェックしなければ「one of the 複数名詞」という表現を問う問題だと勘違いし、うっかり One を選んでしまいます。

また、(A)の代名詞としての Either「(2者のうちの)一方」、(C)の名詞としての Other は「もう一方の人／物、他の物」では文意が通りませんし、やはり動詞部分が has provided になります。

(D)の代名詞としての Both「両方、双方」であれば、「造園会社の両方が見積もりを出した」となり、文意が通ります。したがって、(D)の Both が正解です。both は代名詞以外にも、形容詞「両方の」の用法や both A and B「A も B も両方とも」という相関接続詞としての用法があります。

訳

造園業者は二社とも見積もりを出しましたが、それらは料金の面ではほぼ同一でした。

**英語の
筋トレ 114**

代名詞としての both は「両方、双方」という意味があり、both of the ～で「～の両方」という意味になります。

第115問

次の選択肢の中から正しいものを選びなさい。

Health inspectors have been assigned to visit restaurants (　　) the region to confirm that each facility meets the latest food safety codes.

(A) over

(B) among

(C) throughout

(D) along

単 語 の 意 味

inspector [ɪnspéktər]·············· 検察官
assign [əsáɪn]·················· ～を任命する、割り当てる
region [ríːdʒən]·················· 地域、地方
confirm [kənfə́ːrm]·················· ～を確認する
facility [fəsíləti]·················· 施設、設備
latest [léɪtɪst]·················· 最新の、最近の
code [kóud]·················· 規約、規範、コード、

解説

前置詞の問題です。

空欄前までで文が完結しており、空欄後に名詞が続いているので、空欄に入るのは前置詞だとわかります。

選択肢は全て前置詞の用法があります。
〈前置詞＋名詞（名詞句）〉で修飾語を作るので、(　) the region は修飾語です。
前置詞の問題の場合、空欄前後をチェックするだけで解ける問題もありますが、この問題は少し長めに英文を読まなければなりません。

「各施設が最新の食品安全規定を満たしていることを確認するために、衛生検査官がこの地域〜レストランを訪問するよう任命されている」という英文で、「〜」部分に入れて文意が通る前置詞はどれかを考えます。
(C)の throughout「〜の至るところに、〜の間中」であれば「この地域の至るところにあるレストランを訪問する」となり、文意が通ります。前置詞の throughout はこの問題のような「throughout＋地域」という使い方以外にも、throughout the day「1日中」や throughout negotiation「交渉の間中」、throughout employment「全雇用期間にわたって」など、さまざまな表現を使って出題しています。

訳

各施設が最新の食品安全規定を満たしていることを確認するために、衛生検査官がこの地域全体のレストランを訪問するよう任命されています。

**英語の
筋トレ115**　　　前置詞の throughout には「〜の至るところに、〜の間中」という意味があります。

第116問

次の選択肢の中から正しいものを選びなさい。

In (　　) to various media reports, the company spokesperson said that Remington Motors has no immediate plans to acquire Texas Tire, Inc.

- (A) contrast
- (B) contrasts
- (C) contrasted
- (D) contrasting

単 語 の 意 味

various [véəriəs]··························さまざまな、いろいろな
spokesperson [spóukspə̀:rsn]···広報担当者、代弁者、スポークスパーソン
immediate [imí:diət]··················即時の、即座の、当面の
acquire [əkwáiər]························～を買収する、得る

解説

名詞の問題です。

選択肢に似た形の単語が並んでいるので、品詞問題かもしれないと考えます。品詞問題の場合、空欄前後が重要になります。

空欄前が前置詞の In で、空欄後は to various media reports と〈前置詞＋名詞句〉になっています。
〈前置詞＋名詞（句）〉は修飾語なので、to various media reports 部分をかっこでくくると、In (　) の空欄部分にどの品詞を入れればいいか、という問題だとわかります。

前置詞の後ろには名詞が続きます。名詞は(A)の contrast と(B)の contrasts だけです。

in contrast to ～は「～と対照的に、～とは大違いで」という意味で頻繁に使われるイディオムです。この表現では contrasts という複数名詞は使われません。したがって、(A)の contrast が正解です。
in contrast to はよく使われる表現なので、それを知っていれば、1秒で解答できる問題です。

前置詞と前置詞の間には名詞が入る、という点を問う問題は時々出ます。

訳

さまざまなメディアの報道とは対照的に、広報担当者はレミントン・モーターズにテキサス・タイヤ社を買収する計画は当面ないと述べました。

英語の
筋トレ116

in contrast to ～は「～と対照的に、～とは大違いで」という意味のイディオムです。

次の選択肢の中から正しいものを選びなさい。

In his biography, Jason Gibbs (　　) the success of his business to the dedicated employees who strive to meet customer needs.

    (A)   attributed

    (B)   attribution

    (C)   attribute

    (D)   attributing

単 語 の 意 味

biography [baɪάːgrəfi]…………伝記、略歴
dedicated [dédəkèɪtɪd]…………熱心な、献身的な、専任の
strive to 〜……………………………〜するよう努力する

難易度… ★ ★ ★ ☆ ☆

解 説

主語と動詞の一致の問題です。

この英文の主語は Jason Gibbs と単数名詞です。the success of his business 部分が目的語なので、空欄部分には動詞が入るはずだとわかります。

選択肢の中で動詞は (A) の attributed と (C) の attribute です。主語が単数名詞の場合、動詞には (C) の attribute は使えませんが、過去形である (A) の attributed であれば使えます。したがって (A) の attributed が正解です。

atribute A to B は「A を B のせいにする、A は B に起因すると考える」という意味で、TOEIC でもビジネス関連の英文でも重要な表現です。
この英文で A にあたるのが the success of his business で、B にあたるのが the dedicated employees です。関係代名詞 who に続く部分は the dedicated employees を説明する修飾語です。

主語と動詞の一致の問題では、正解を選ぶ際に現在形ばかりに目がいきがちですが、過去形にも目を向けましょう。このパターンは頻繁に出題されており、一種のトリック問題です。

訳

伝記の中でジェイソン・ギブズさんは、自らのビジネスの成功要因は顧客ニーズに応えようと努力する熱心な社員にあったとしています。

英語の
筋トレ 117

attribute A to B は「A を B のせいにする、A は B に起因すると考える」という意味で、TOEIC でもビジネス関連の英文でも重要な表現です。

第118問

次の選択肢の中から正しいものを選びなさい。

As a result of a thorough inspection after last month's earthquake, engineers found the building to be (　　) sound and safe for occupancy.

- (A)　structurally
- (B)　structured
- (C)　structures
- (D)　structural

単 語 の 意 味

as a result of 〜	〜の結果として
thorough [θə́ːrou]	徹底的な、完全な
inspection [ɪnspékʃən]	検査、調査、点検
earthquake [ə́ːrθkwèɪk]	地震
sound [sáund]	正常な、健全な
occupancy [áːkjəpənsi]	使用、居住、占有

解説

副詞の問題です。

選択肢に似た形の単語が並んでいるので、品詞問題かもしれないと考えます。品詞問題の場合、空欄前後が重要になります。

この英文の空欄直後は sound と形容詞が続いています。
sound に「頑丈な、安定した、健全な」という意味の形容詞としての用法があることを知らない人もいると思います。空欄前に be 動詞が置かれていて、その意味上の主語は the building なので、空欄後の sound は名詞ではなく形容詞だとわかります。

形容詞を修飾するのは副詞なので、副詞である (A) の structurally「構造上、構造的に」を選べば正しい英文になります。
structurally sound で「構造上頑丈な」という意味になります。

副詞は主に、形容詞、動詞、他の副詞、副詞句、節、文全体を修飾します。

訳

先月の地震後の綿密な検査の結果、エンジニアたちは、そのビルは構造上頑丈で、安全に使用できると感じました。

**英語の
筋トレ118**

sound には「頑丈な、安定した、健全な」という意味の形容詞としての用法があります。形容詞を修飾するのは副詞です。

次の選択肢の中から正しいものを選びなさい。

The local furniture industry was not very (　　) because of the high cost of getting its finished products to market.

(A) profitable

(B) profiting

(C) profitably

(D) profit

単 語 の 意 味

industry [índəstri] ……………… 業界、産業
finished product ……………… 完成品

解 説

形容詞の問題です。

選択肢に似た形の単語が並んでいるので、品詞問題かもしれないと考えます。品詞問題の場合、空欄前後が重要になります。

空欄後は〈群前置詞＋名詞句〉なので修飾語です。
（文法が苦手な方は、〈前置詞＋名詞〉は修飾語なので、because of 以降をカッコでくくれば問題が単純化され、わかりやすくなります）
空欄の少し前に be 動詞の was があります。be 動詞の後ろには名詞か形容詞が続きますが、名詞である (D) の profit が正解であれば空欄直前に副詞の very を置くことはできません。したがって、形容詞が正解だとわかります。
選択肢の中で形容詞は (A) の profitable「もうかる、利益になる」だけです。

力がない人は空欄前の否定語の not と副詞の very に惑わされますが、空欄に be 動詞に続く形容詞が入り、その形容詞を修飾する副詞の very が置かれ、さらにその部分が否定形になっているだけです。
問題のパターンに慣れ、解答する際のポイントに早く気付けば、not や very に惑わされることなく、素早く解くことができます。

訳

完成品を市場に出すのにかかる費用の高さから、この地域の家具業界はあまりもうかりませんでした。

英語の 筋トレ 119	be 動詞の後ろには名詞か形容詞が続きます。主語の状態を説明する場合には形容詞を使います。直前に置かれた否定語の not や副詞の very に惑わされないようにしましょう。

第120問

次の選択肢の中から正しいものを選びなさい。

(　　) almost all hotels have enjoyed an increase in bookings because of a large number of conferences being held in the city center.

(A) Lately

(B) Lateness

(C) Later

(D) Late

単 語 の 意 味

almost all ～ ·························· ほとんど全ての～、ほぼ全部の～
increase in ～ ························ ～の増加、～の上昇
booking [búkɪŋ] ····················· 予約
a large number of ～ ··········· 多数の～、多くの～

解説

副詞の問題です。

選択肢に似た形の単語が並んでいるので、品詞問題かもしれないと考えます。品詞問題の場合、空欄前後が重要になります。

空欄後から almost all hotels have enjoyed an increase in bookings までは文が完成しています。because of 以降は、〈群前置詞＋名詞句〉なので修飾語です。
したがって、空欄に入るのは文全体を修飾するものではないかと考えます。

文全体を修飾するのは副詞なので、副詞である (A) の Lately「近頃、最近」が正解です。
副詞は形容詞、動詞、他の副詞、副詞句、節、文全体を修飾します。

空欄後の almost all「ほとんど全ての」という表現が問われる場合もあります。この表現も一緒に覚えましょう。

訳

市の中心部で多数の会議が開催されるため、最近ほぼ全てのホテルで予約が増加しています。

英語の
筋トレ120

文全体を修飾するのは副詞です。lately は「近頃、最近」という意味の副詞です。

第**121**問

次の選択肢の中から正しいものを選びなさい。

It is up to regional (　　) to determine the appropriate number of trees that can be removed by commercial logging companies.

(A) allocations

(B) authorities

(C) agreements

(D) directions

単語の意味

up to 〜······························〜次第で
regional [ríːdʒənl]······················地方の、地域の
determine [dɪtə́ːrmən]···············〜を決定する、決断する
appropriate [əpróupriət]·········適正な、適切な、適した
remove [rɪmúːv]·························〜を除去する、取り除く
logging company················伐採会社、木材会社

解 説

語彙問題です。

語彙問題は英文を読み、全体の意味を考えなければなりません。
「民間の伐採業者によって除去できる木の適正な本数を決めるのは、地方の〜次第だ」という英文で、「〜」部分に何を入れればいいのかを考えます。

(B)の authorities「当局」であれば「地方当局者次第だ」となり文意が通ります。authority は「権限、権威」という意味で使われる場合には不可算名詞扱いですが、複数名詞で使われる場合には「当局」という意味になります。

「権限」という意味での authority も出題されています。（『1 日 1 分！ TOEIC® L&R テスト　炎の千本ノック！』28 ページの問題をご参照下さい）
他にも可算名詞として「権威者、大家」という意味もあります。それぞれの意味と用法を覚えましょう。

allocation「割当、割当額／量」、agreement「同意（書）、契約（書）」、direction「指示、方向」の複数形である(A) allocations、(C)agreements、(D)directions では文意が通りません。

訳

民間の伐採業者によって除去できる木の適正な本数は、地方当局者の判断で決まります。

英語の 筋トレ121	authorities は「当局」という意味の名詞で、この意味で使われる場合は the authorities の形で使われることが多いです。

第122問

できたら…○
できなかったら…×

次の選択肢の中から正しいものを選びなさい。

The team of engineers worked around-the-clock to resolve (　) of the technical issues before the release of the company's latest smartphone.

(A)　another

(B)　everything

(C)　all

(D)　either

単 語 の 意 味

around-the-clock……………一日中、24時間営業で
resolve [rɪzá:lv]…………………〜を解決する
issue [íʃu:]……………………………問題、問題点
release [rɪlí:s]………………………発売、発表、公表
latest [léɪtɪst]………………………最新の、最近の

解 説

代名詞の問題です。

空欄直前の resolve は他動詞なので、後ろには目的語である名詞か名詞句が続きます。
( ) of the technical issues 部分が名詞句になるには、空欄には名詞か代名詞が入るはずです。
選択肢の単語には、いずれも代名詞の用法があります。

(A)の another「もう一つのもの」や(D)の everything「すべてのもの」は、後ろに of ～の形を続けて使うことはありません。
(D)の either は、either of ～で、「～のうちどちらでも」の意味で使えますが、of 以下に「2つのもの」しか置くことができません。英文の意味を考えると、the technical issues「技術的な問題」が2つしかないということはありえないので不適切です。
(C) all は、all of ～で、「～の全てのもの、全ての～」の意味で使うことができる代名詞で、「全ての技術的な問題」となり、文意が通ります。したがって、(C)の all が正解です。

… of ～の … 部分に入れて使われる代名詞としては、他に
one of ～「～のうちの一つ」、some of ～「～のうちのいくつか」などがあります。

訳

エンジニアのチームは、同社の最新スマートフォンが発売される前に、全ての技術的な問題を解決するために昼夜なく働きました。

英語の
筋トレ 122

… of ～の形で … 部分に入れて使うことのできる代名詞は限られていますから、意味の違いも含めて覚えましょう。

第123問

次の選択肢の中から正しいものを選びなさい。

After the launch of an innovative marketing campaign last year, sales of the Silverstone Industries's electronic devices rose (　　).

(A) sharply

(B) individually

(C) entirely

(D) closely

単 語 の 意 味

launch [lɔ́ːntʃ]‥‥‥‥‥‥‥‥‥‥‥‥ 開始、発売
innovative [ínəvèɪtɪv]‥‥‥‥‥‥ 革新的な、改革的な
electronic device‥‥‥‥‥‥‥‥ 電子機器、電子装置

解説

適切な意味の副詞を選ぶ問題です。

選択肢にはさまざまな副詞が並んでいるので、適切な意味の副詞を選ぶ問題だとわかります。英文の意味を考えて文意に合う副詞を選ばなければならないので、語彙問題に似ています。

「昨年の画期的なマーケティングキャンペーンの開始後、シルバーストン・インダストリーズの電子機器の売り上げが〜伸びた」という英文で、「〜」部分に入れて文意が通る副詞は何かを考えます。

(A)の sharply「急に、鋭く」であれば、文意が通ります。rise sharply「急増する」や increase sharply「急増する」のような表現は売り上げに関するレポートで頻繁に使われます。

(B)individually「個別に、個々に」、(C)entirely「完全に、全体に」、(D)closely「密接に、念入りに」では文意が通りません。

訳

昨年の画期的なマーケティングキャンペーンの開始後、シルバーストン・インダストリーズの電子機器の売り上げが急増しました。

英語の筋トレ 123	rise sharply「急増する」や increase sharply「急増する」のような表現は売り上げに関するレポートで頻繁に使われます。

第124問

次の選択肢の中から正しいものを選びなさい。

The company has an aggressive plan to expand its business across the country next year, so it has decided to raise funds by (　　) stock.

    (A)　investing

    (B)　issuing

    (C)　achieving

    (D)　renewing

単 語 の 意 味

aggressive [əgrésɪv]……………積極的な
expand [ɪkspǽnd]…………………〜を拡大する、拡張する
across the country…………国中に、全国で
raise funds…………………………資金を調達する
stock [stάːk]…………………………株、株式

解説

適切な意味の動詞を選ぶ問題です。

空欄前に前置詞の by が置かれ、空欄後に目的語である stock が続いているので、空欄には動名詞が入ります。そのため選択肢に動名詞が並んでいますが、適切な意味の動詞を選ぶ問題だとわかります。

適切な意味の動詞を選ぶ問題は語彙問題と同じで、英文を読んで、全体の意味を考えなければなりませんが、この英文の場合、raise funds by (　　) stock 部分をチェックするだけで正解がわかります。

raise funds は「資金を調達する」という意味なので、資金を調達するための方法が by (　　) stock だと推測できます。by (　　) stock 部分は「株式を発行することによって」という意味になるはずです。したがって、正解は issue の動名詞である (B) の issuing です。

issue には動詞と名詞の両方の用法があり、動詞では「〜を発行する」、名詞では「発行物、問題（点）」という意味になり、それぞれ全てが過去に出題されています。

「〜を発行する」という意味で使われる場合も、雑誌を発行する場合以外に、この問題のように株式や債券を発行するという場合にも使われます。最近は、ビジネス関連の語彙問題の出題が増えています。

訳

その会社は、来年全国的にビジネスを拡大する積極的な計画があるので、株式を発行することによって資金を調達することに決めました。

英語の
筋トレ124

issue が動詞として使われる場合は「〜を発行する」という意味になります。雑誌などを発行する場合以外に、株式や債券を発行するという場合にも使われます。

第**125**問

できたら…○
できなかったら…×

次の選択肢の中から正しいものを選びなさい。

(　　) the shipment arrives before 8 A.M. tomorrow, merchandising staff will not have sufficient time to set up in-store displays for the sales event.

　　(A) Whenever
　　(B) Unless
　　(C) While
　　(D) Otherwise

単 語 の 意 味

shipment [ʃípmənt]······················ 積荷、出荷、発送品、発送
merchandising [mə́:rtʃəndàızıŋ]··· 販売促進、商品マーケティング
sufficient [səfíʃənt]······················ 十分な、足りる
set up 〜····································· 〜を準備する、設定する

解説

接続詞の問題です。

空欄後からコンマまでも、以降も節 [S（主語）＋V（動詞）]
です。節と節を結ぶのは接続詞です。接続詞は(B)の Unless
と(C)の While です。

(A)の Whenever は複合関係副詞ですが、後ろに節を続けて使
うことができるので正解候補になります。
(D)の Otherwise は副詞なので、後ろに節を続けて使うことは
できません。
(A)Whenever、(B)Unless、(C)While のどれが正解かは、ど
れであれば文意が通るかで判断します。

空欄からコンマまでで「明日の朝8時までに荷物が到着する」
と言っていて、コンマ以降の主節では「販促スタッフは売り出
しイベント用に店内ディスプレーを準備するのに十分な時間が
とれない」と言っています。
この2つの節をつないで意味が通るのは、(B)の Unless しか
ありません。unless は「もし～でなければ（＝ if not）」とい
う意味です。

(A)Whenever は「～するときはいつでも」という意味の複合
関係副詞、(C)While は「～の間ずっと、～である一方」とい
う意味の接続詞ですが、これらでは文意が通りません。

訳

明日の朝8時までに荷物が到着しなければ、販促スタッフは売り出しイベ
ント用に店内ディスプレーを準備するのに十分な時間がとれません。

**英語の
筋トレ125**

unless は「もし～でなければ（＝ if not）」という意味
の接続詞です。接続詞なので節(S+V)と節(S+V)を
結びます。

第126問

できたら…○
できなかったら…×

次の選択肢の中から正しいものを選びなさい。

Stack all display tables (　　) the wall near the entrance of the auditorium immediately after guests have left the premises.

(A) up

(B) within

(C) against

(D) under

単 語 の 意 味

stack [stǽk]‥‥‥‥‥‥‥‥‥‥‥‥〜を積み重ねる
auditorium [ɔ̀:dətɔ́:riəm]‥‥‥‥‥講堂、ホール
immediately after 〜‥‥‥‥‥〜の直後に、〜のすぐ後に
premises [prémɪsɪz]‥‥‥‥‥‥‥（複数形で）敷地、建物、土地

解説

前置詞の問題です。

前置詞の問題の場合、空欄前後をチェックするだけで解ける問題と、少し長めに英文を読まなければならない問題があります。この問題は空欄前後をチェックするだけで解ける問題です。

空欄前後をチェックすると Stack all display tables (　　) the wall となっています。特にヒントとなるのは、動詞の stack「〜を積み重ねる」と空欄後の the wall「壁」です。
これらから「壁に寄せて展示テーブルを全て積み重ねる」のではないかと推測できます。したがって、(C) の against が正解です。

前置詞の against にはさまざまな意味がありますが、その中に「〜に寄せて、〜の近くに」という意味があります。
パート1の写真描写問題でも、lean against（〜にもたれる）のようにこの意味の against は時々使われます。

訳

来場者が敷地を離れたら、すぐにホールの入り口付近の壁に展示テーブルを全て積み重ねてください。

英語の
筋トレ126

前置詞の against には「〜に反対して、〜と対照的に、〜を背景に」以外に「〜に寄せて、〜の近くに」という意味があります。

次の選択肢の中から正しいものを選びなさい。

Avia Airlines spends 20% of its revenues on aircraft maintenance as it (　　) seeks safer ways of transporting passengers to their destinations.

(A)　potentially

(B)　discretely

(C)　marginally

(D)　continually

単 語 の 意 味

revenue [révən(j)ù:] ················· 総収入、総売り上げ、歳入
aircraft [éərkræft] ····················· 航空機
maintenance [méintənəns] ······ メンテナンス、維持管理、保守管理
transport [trænspɔ́:rt] ··············· ～を輸送する、運送する
passenger [pǽsəndʒər] ··········· 乗客
destination [dèstənéiʃən] ········· 目的地、行き先

解 説

適切な意味の副詞を選ぶ問題です。

選択肢にはさまざまな副詞が並んでいるので、適切な意味の副詞を選ぶ問題だとわかります。英文の意味を考えて文意に合う副詞を選ばなければならないので、語彙問題に似ています。

「乗客を目的地へより安全に運ぶ方法を〜追求しているので、アヴィア航空では総売り上げの 20 パーセントを機体のメンテナンスに費やしている」という意味の英文で、「〜」部分に入れて文意が通る副詞は何かを考えます。

(D) の continually「絶えず、継続的に」であれば、文意が通ります。

(A)potentially「潜在的に」、(B)discretely「ばらばらに、個々に」、(C)marginally「わずかに」では文意が通りません。

訳

乗客を目的地へより安全に運ぶ方法を絶えず追求しているので、アヴィア航空では総売り上げの 20 パーセントを機体のメンテナンスに費やしています。

英語の
筋トレ 127

continually は「絶えず、継続的に」という意味の副詞です。

第128問

できたら…○
できなかったら…×

次の選択肢の中から正しいものを選びなさい。

By early next year, all of our production facilities in Europe (　　) by international inspectors.

(A)　have been visited

(B)　are going to be visited

(C)　will have been visited

(D)　will be visited

単 語 の 意 味

production [prədʌ́kʃən]··········· 生産、製造
facility [fəsíləti]····················· 施設、設備
inspector [ɪnspéktər]··············· 検査官、調査官

解説

態を問う問題＋未来完了形の問題です。

選択肢の動詞は visit「〜を訪れる、訪問する」で、この英文の主語は all of our production facilities（in Europe）「当社の生産施設の全て」です。
主語と動詞の意味的な関係を考えると「当社の生産施設は訪問される」と受動態になるはずです。選択肢全てが受動態です。次に時制について考えます。
英文中から時制のヒントになる表現がないか探すと、文頭に By early next year「来年の初めまでに」と未来の一点を表す表現が見つかります。未来のある時点における動作の完了や継続を表す場合には未来完了形を使います。
未来完了形は〈未来形の will＋have＋過去分詞〉なので、(C) の will have been visited が正解です。この英文では、未来の一時点（＝来年の初めまでに）での完了を表しています。

未来完了形が出題される場合、未来の一点を表す by 〜や by the time of 〜が使われることが多いので、これらの表現は解答を導く際の大きなヒントになります。
今までも未来完了形の問題は頻繁に出題されていましたが、もう少し簡単な能動態の英文で出題されていました。しかし最近は、未来完了形の受動態での出題もありますので、こちらもマスターしましょう。

訳

来年の初めまでにヨーロッパにある当社の全ての生産施設が国際検査官による訪問を終えているでしょう。

英語の筋トレ 128
未来のある時点における動作の完了や継続を表す場合には、未来完了形を使います。

第129問

次の選択肢の中から正しいものを選びなさい。

While working as an intern in the Middle East last summer, Daniel Robinson greatly improved his ( ) of the textile business.

(A) advancement

(B) knowledge

(C) qualification

(D) exploration

単語の意味

improve [ɪmprúːv] ……………………〜を向上させる、改善する
textile [tékstàɪl] ……………………繊維、織物、布地
business [bíznəs] ……………………事業、企業、業界

解説

語彙問題です。

語彙問題は英文を読み、全体の意味を考えなければなりません。

「昨年の夏、中東でインターンとして働いていたときに、ダニエル・ロビンソンさんは繊維事業についての〜を大いに向上させた」という英文で、「〜」部分に何を入れればいいのかを考えます。

インターンを通してなし得たことなので、選択肢の中では(B)のknowledge「知識」しかないとわかります。

improve skills や improve productivity などのような表現は理解できても、improve と knowledge を組み合わせて使えることは知らない、という人がいます。

improveには「改善する」以外に「向上させる、高める」という意味があり、improve knowledge「知識を向上させる／高める」という言い方はよく使われます。

(A)advancement「前進、進歩」、(C)qualification「資格、必要条件」、(D)exploration「探査、探求」では文意が通りません。

訳

昨年の夏、中東でインターンとして働いていたときに、ダニエル・ロビンソンさんは繊維事業についての知識を大いに深めました。

英語の
筋トレ129

improve knowledge で「知識を向上させる／高める」という意味になります。

第130問

次の選択肢の中から正しいものを選びなさい。

Our Westdale Mall outlet is closed for renovations this month, but it will (　　) on June 1 with plenty of additional floor space.

(A) reissue

(B) resume

(C) recover

(D) reopen

単 語 の 意 味

renovation [rènəvéiʃən]･･･････････改装、改築、改修
plenty of 〜 ････････････････････････たくさんの〜
additional [ədíʃənl] ･･･････････････追加の、さらなる

解説

適切な意味の動詞を選ぶ問題です。

適切な意味の動詞を選ぶ問題は語彙問題と同じで、英文を読んで、全体の意味を考えなければなりません。
「ウェストデールモールの店舗は改修のため今月お休みするが、売り場面積を拡大し6月1日に〜」という英文で、「〜」部分にどの動詞を入れれば文意が通るかを考えます。

文意が通るようにするには「リニューアルオープンする」のような意味の動詞が入るとわかります。したがって、(D)のreopen「〜を再び開く、再開する」が正解です。
選択肢(B)のresume「〜を再び始める、再開する」は日本語にした場合の意味が全く同じになるので間違って選ぶ人がいるかと思います。間違いを誘おうと和訳が同じ単語を選択肢に並べていることも少なくありません。
resumeは交渉やプロジェクトなどがいったんストップし、再開する場合に使われます。店舗を再開する場合はreopenしか使えません。resumeも出題されているので一緒に覚えましょう。
高得点を狙う人は、英単語は「英単語」→「日本語訳」で覚えるだけでなく、英文を読みながらそれぞれの単語が持つニュアンスをマスターすることをお勧めします。
(A)reissue「〜を再発行する」、(B)resume「(交渉など)を再開する」、(C)recover「回復する、〜を取り戻す」では、文意が通りません。

訳

ウェストデールモールの店舗は改修のため今月お休みしますが、売り場面積を拡大し6月1日にリニューアルオープンします。

英語の
筋トレ130

いったん閉じたお店を再び開く際にはreopenを使います。

次の選択肢の中から正しいものを選びなさい。

Staff are requested to read the information in the attached file as it contains updates to proper procedures (　　) sending email to clients.

(A)　unless

(B)　when

(C)　therefore

(D)　until

単 語 の 意 味

attached [ətǽtʃt]·····················添付の
contain [kəntéin]·····················〜を含む
update [ʌ́pdèit]·························更新、最新情報
proper [prɑ́:pər]·······················適切な、的確な
procedure [prəsí:dʒər]···········手順、手続き

解説

接続詞の問題です。

時を表す副詞節を含む文で、主節と副詞節の主語が同じ場合、副詞節の主語を省略し、かつ副詞節の動詞を現在分詞に変えることができます。

したがって、空欄には時を表す接続詞が入るとわかります。選択肢の中でそれに該当するのは(B)の when だけです。

空欄以降を節の形に書き換えると、(when) staff send email to clients となります。この英文の、when の後ろの staff を省略し、動詞 send を現在分詞 sending に変えて、下記のように書き換えることができます。

(when) sending email to clients

when ではなく、同じく時を表す接続詞 while を問う問題として出題されることもありますが、考え方は while の場合も when の場合と同じです。

また、接続詞部分ではなく、接続詞に続く現在分詞部分が空欄となって出題されることもあります。答えの丸覚えではなく原則をきちんと理解しておけば、空欄部分の位置が変わっても正解できます。

訳

クライアントにメールを送信する際の適切な手順について更新情報が記載されていますので、職員は添付ファイルの資料をお読みください。

英語の
筋トレ 131

時を表す副詞節を含む文で、主節と副詞節の主語が同じ場合、副詞節の主語を省略し、かつ副詞節の動詞を現在分詞に変えることができます。

第132問

次の選択肢の中から正しいものを選びなさい。

Analysts must be (　　) careful when forecasting markets trends because their predictions can affect the lives of investors.

(A) solely

(B) extremely

(C) rarely

(D) precisely

単 語 の 意 味

careful [kéərfl]··························慎重な、注意深い
forecast [fɔ́ːrkæst]·················〜を予測する、予想する
prediction [prídíkʃən]··············予測、予報
affect [əfékt]·························〜に影響を与える
investor [invéstər]··················投資家

難易度… ★ ★ ★ ☆ ☆

解 説

適切な意味の副詞を選ぶ問題です。

選択肢にはさまざまな副詞が並んでいるので、適切な意味の副詞を選ぶ問題だとわかります。英文の意味を考えて文意に合う副詞を選ばなければならないので、語彙問題に似ています。

「予測が投資家の生活に影響を与える可能性があるので、市場動向を予測するときにアナリストは〜慎重でなければならない」という英文で、「〜」部分に入れて文意が通る副詞は何かを考えます。

(B)の extremely「極めて、非常に」であれば文意が通ります。(A)solely「単に、〜のみ」、(C)rarely「めったに〜しない、まれに」、(D)precisely「正確に、きちんと」では文意が通りません。

訳

予測が投資家の生活に影響を与える可能性があるので、市場動向を予測するときにアナリストは極めて慎重でなければなりません。

英語の
筋トレ 132

extremely は「極めて、非常に」という意味の副詞です。

第133問

次の選択肢の中から正しいものを選びなさい。

(　　) inclement weather, the annual picnic will be rescheduled to a day next month that everyone is able to attend.

- (A)　In accordance with
- (B)　In addition to
- (C)　In regard to
- (D)　In case of

単 語 の 意 味

inclement weather……………悪天候、荒れ模様の天候
reschedule [rìːskédʒuːl]…………～のスケジュールを変更する

解説

イディオムの問題です。

選択肢にはさまざまなイディオムが並んでいます。英文全体の意味を考えて、正解を選ばなければなりません。

「悪天候〜、毎年恒例のピクニックは翌月の全員が参加できる日に変更される」という意味の英文で、「〜」部分に入れて文意が通るのはどれか考えます。

(D)の In case of「もし〜の場合」であれば、文意が通ります。(A)の In accordance with は「〜に従って」、(B)の In addition to は「〜に加えて」、(C)の In regard to は「〜に関して」という意味のイディオムなので文意が通りません。

正解は(D)の In case of「もし〜の場合」です。
in case of は群前置詞なので、後ろに名詞か名詞句が続きます。
in case that「もし（that 以下）の場合には」という表現も出題されます。この that は接続詞なので後ろに節(S＋V)が続きます。
in case that の that は省略された形で出題される場合が多いです。

訳

悪天候の場合、毎年恒例のピクニックは翌月の全員が参加できる日に変更されます。

英語の
筋トレ133

in case of は「もし〜の場合」という意味で頻繁に使われるイディオムです。

第 **134** 問

次の選択肢の中から正しいものを選びなさい。

The photocopier on the third floor is (　　) toner, so staff were informed to use the one on the second floor until the office supplies order arrives.

- (A) subject to
- (B) based on
- (C) out of
- (D) more than

単 語 の 意 味

photocopier [fóutoukà:piər]‥‥コピー機
inform [infɔ́ːrm]‥‥‥‥‥‥‥‥‥～に知らせる、通知する
office supplies‥‥‥‥‥‥‥事務用品
order [ɔ́ːrdər]‥‥‥‥‥‥‥‥‥注文、注文品

解説

イディオムの問題です。

選択肢にはさまざまなイディオムが並んでいます。英文全体の意味を考えて、正解を選ばなければなりません。

「3階のコピー機はトナーが〜いるので、従業員は事務用品の注文が届くまで2階のものを使用するようにと言われた」という意味の英文で、「〜」部分に入れて文意が通るのはどれか考えます。

「トナーがない」とか「トナーが切れている」という意味になるのではと推測できます。
「〜がなくなって、〜が切れて」という意味を表すのは、(C)の out of だけです。out of 〜で「〜がなくなって、〜が切れて」という意味になります。
out of time「時間がなくなって」、out of control「制御できなくなって」、out of money「お金がなくなって」のようにさまざまな場面で使われます。

(A)の（be) subject to「〜を条件としている」、(B)の（be) based on「〜に基づいている」、(D)の more than「〜より多い」では、文意が通りません。

訳

3階のコピー機はトナーが切れているので、従業員は事務用品の注文が届くまで2階のものを使用するようにと言われました。

**英語の
筋トレ 134**

out of で「〜がなくなって、〜が切れて」という意味です。be out of 〜と be 動詞と一緒に使われることが多いです。

第**135**問

次の選択肢の中から正しいものを選びなさい。

Students found the study abroad program to be a (　　) experience in terms of learning and making friendships with people from overseas.

(A)　costly

(B)　possible

(C)　worthwhile

(D)　cautious

単 語 の 意 味

study abroad program········ 留学プログラム
in terms of ～························· ～の点から見て、～に関して
friendship [fréndʃip]··············· 友情
overseas [òuvərsíːz]················ 海外、外国

解説

語彙問題です。

語彙問題は英文を読み、全体の意味を考えなければなりません。「学生たちは、学習面や海外からの人々と友情を築くという点で、留学プログラムは〜体験だとわかった」という英文で、「〜」部分に何を入れればいいのかを考えます。

(C)の worthwhile「価値のある、やりがいのある」であれば、「留学プログラムは価値のある体験だ」となり、文意が通ります。
(A)costly「高価な、値段の高い」、(B)possible「可能性がある、起こり得る」、(D)cautious「用心深い、慎重な」では文意が通りません。

空欄には experience「経験、体験」を修飾する形容詞を入れればいいわけですが、experience is possible とか、experience is cautious とは言わないので、(B)と(D)は不正解だとわかります。experience is costly は考えられますが、in terms of learning and making friendships with people from overseas「学習面や海外からの人々と友情を築くという点で」とは相いれません。
worth「価値（名詞）、価値のある（形容詞）」、worthy「価値のある」、be worth 〜 ing「〜する価値がある」などもよく使われるので一緒に覚えましょう。

訳

学生たちは、学習面や海外からの人々と友情を築くという点で、留学プログラムは貴重な体験だと感じました。

英語の
筋トレ 135

worthwhile は「価値のある、やりがいのある」という意味の形容詞です。

第**136**問

次の選択肢の中から正しいものを選びなさい。

Working with electrical equipment and other power tools in damp or wet locations may cause ( ) conditions.

(A) hazardous

(B) dirty

(C) extreme

(D) industrial

単 語 の 意 味

electrical equipment············電気機器、電気装置
power tool································電動工具
damp [dǽmp]·······························湿気のある、湿った
wet [wét]····································湿った、ぬれた、水気のある
cause [kɔ́ːz]·······························～を引き起こす、招く
condition [kəndíʃən]················(複数形で) 状況、条件

解説

語彙問題です。

語彙問題は英文を読み、全体の意味を考えなければなりません。

「湿気や水気の多い場所で電気機器やその他の電動工具を使用すると、〜状況を引き起こす恐れがあります」という英文で、「〜」部分に何を入れればいいのかを考えます。

湿気や水気の多い場所で電気機器や電動工具を使用すると引き起こされるのは、感電などの「危険な状況」だろうと推測できます。したがって、正解は(A)hazardous「危険な、有害な」だとわかります。

(B)dirty「汚い、不潔な」、(C)extreme「極端な、極度の」、(D)industrial「産業の、工業の」では文意が通りません。

語彙問題では、英文を読めなければ正解がわかりません。
英文中に若干フォーマルな単語が使われることも多いので、文法を理解し読む力をつける以外に、単語力の強化も図らなければなりません。

訳

湿気や水気の多い場所で電気機器やその他の電動工具を使用すると、危険な状況を引き起こす恐れがあります。

英語の
筋トレ136

hazardous は「危険な、有害な」という意味の形容詞で、hazardous conditions で「危険な状況」という意味になります。

第**137**問

次の選択肢の中から正しいものを選びなさい。

Because Tanya Tate's new song "For You" is such a (　　) from her usual soft sound, most of her loyal audience did not recognize that she was the singer.

(A) departure

(B) creation

(C) style

(D) variety

単 語 の 意 味

loyal [lɔ́ɪəl]····························· 忠実な、誠実な
audience [ɔ́ːdiəns]···················· 聴衆、観衆
recognize [rékəgnàɪz]·············· 〜だと分かる、〜と見分ける

解説

語彙問題です。

語彙問題は英文を読み、全体の意味を考えなければなりません。

コンマ以降の主節で「忠実なファンのほとんどは、彼女が歌っていることに気付かなかった」と言っていて、その理由を文頭の接続詞 Because に続く従属節で述べています。従属節では「タニア・テートの新曲、『フォー・ユー』が、これまでの柔らかなサウンドから〜いるので」と言っています。この「〜」部分に何を入れればいいのかを考えます。

(A)の departure「逸脱、ずれ」であれば「これまでの柔らかなサウンドからかけ離れているので」となり、文意が通ります。
departure という単語は知っていても、「出発、立ち去ること」という意味でしか知らない人が多いはずです。最近の TOEIC テストでは問われる単語の使われ方が難しい場合も少なくありません。「英単語→日本語訳」で覚えるだけではなく、英文を読みながらそれぞれの単語が持っているニュアンスをマスターしなければ、語彙問題でつまづきます。

(B)creation「創造、作品」、(C)style「型、様式」、(D)variety「変化、多様性」では文意が通りません。

訳

タニア・テートの新曲、「フォー・ユー」は、これまでの柔らかなサウンドからかけ離れたものだったので、忠実なファンのほとんどは彼女が歌っていることに気が付きませんでした。

英語の
筋トレ 137

departure には「出発、立ち去ること」以外に「逸脱、ずれ」という意味があります。

第 **138** 問

次の選択肢の中から正しいものを選びなさい。

The plant manager in Detroit has scheduled a meeting for early next week in order to find a ( ) to the issue of defects.

　　　　(A)　distribution

　　　　(B)　procedure

　　　　(C)　resolution

　　　　(D)　attention

単 語 の 意 味

plant [plǽnt] ······························ 工場
schedule [skédʒuːl] ················· ～を予定に入れる
in order to ～ ···························· ～するために
issue [íʃuː] ································· 問題、問題点
defect [díːfekt] ·························· 不具合、欠陥、不備

解説

語彙問題です。

語彙問題は英文を読み、全体の意味を考えなければなりません。

「デトロイトの工場のマネージャーは不具合問題への〜を見つけるために来週初めに会議を開く予定だ」という英文で、「〜」部分に何を入れればいいのかを考えます。

この問題の場合 find a (　) to the issue of defects 部分をチェックするだけでも正解がわかります。「不具合問題への〜を見つける」ための会議なので、「解決策」や「対処方法」のような意味の語が入ると推測できます。
したがって、(C)の resolution「解決、解決策」が正解です。

resolution は他のパートでは「(画像の) 解像度」という意味で使われることもあります。resolution はビジネスで多用される単語ですが、ビジネスで使う場合は「解決、解決策」という意味で使われることが多いです。また、動詞の resolve「〜を解決する」も出題されています。

(A)distribution「配布、流通」、(B)procedure「手順、手続き」、(D)attention「注意、留意」では文意が通りません。

訳

デトロイトの工場のマネージャーは不具合問題の解決策を見つけるために来週初めに会議を開く予定です。

> **英語の筋トレ 138**　resolution は「解決、解決策」という意味の名詞で、ビジネスで頻繁に使われます。

第139問

次の選択肢の中から正しいものを選びなさい。

Renowned artist Sophia Manfred explained that various sites from a recent trip to New York City are the (　　) of her latest modern art exhibit.

- (A)　subject
- (B)　field
- (C)　address
- (D)　question

単 語 の 意 味

renowned [rɪnáund]·················有名な、名高い
various [véəriəs]·····················さまざまな、多様な
site [sáɪt]·······························場所、用地、敷地
latest [léɪtɪst]·························最新の、最近の
exhibit [ɪgzíbɪt]·······················展覧会、展示会

解説

語彙問題です。

語彙問題は英文を読み、全体の意味を考えなければなりません。

有名アーティストのソフィア・マンフレッドが説明した内容は接続詞 that 以下に書かれています。
that 以下では「先のニューヨーク旅行で見たさまざまな場所が今回のモダンアート展の〜である」という英文で、「〜」部分に何を入れればいいのかを考えます。

「〜」部分に入れて文意が通るのは、(A)の subject「テーマ、題材、主題」しかありません。
小説やアート関連の英文中で subject は頻繁に使われます。
この問題でも、空欄以降の her latest modern art exhibit が大きなヒントになります。

(B)field「分野、領域」、(C)address「あいさつの言葉、演説」、(D)question「質問、問題」では文意が通りません。

訳

有名アーティストのソフィア・マンフレッドは、先のニューヨーク旅行で見たさまざまな場所が今回のモダンアート展の題材だと説明しました。

英語の
筋トレ139

subject は「テーマ、題材、主題」という意味の名詞です。

第140問

次の選択肢の中から正しいものを選びなさい。

The automated inventory control system is designed to (   ) stock as soon as merchandise decreases to a certain level.

- (A) compensate
- (B) replenish
- (C) release
- (D) expand

単語の意味

automated [ɔ́:təmèɪtɪd]············自動の、オートメーション化された
inventory [ínvəntɔ̀:ri]···············在庫（品）
design [dɪzáɪn]·························～を設計する
stock [stɑ́:k]·····························在庫（品）
as soon as ～·······················～するとすぐに、～するやいなや
merchandise [mə́:rtʃəndàɪz]····商品、製品
decrease [dì:krí:s]··················減る、減少する

解説

適切な意味の動詞を選ぶ問題です。

語彙の問題は英文を読み、全体の意味を考えなければなりません。

「自動在庫管理システムは、製品が一定のレベルにまで減少するとすぐに在庫を〜ように設計されています」という英文で、「〜」部分に何を入れればいいのかを考えます。

在庫管理の話なので、商品の補充だろうと推測できます。
したがって、(B)の replenish「〜を補充する、補給する」が正解です。
少し難しい単語ですが、動詞の replenish は、他のパートで薬の補充の話などで使われてはいます。

(A)compensate「賠償をする、報酬を支払う」、(C)release「〜を発表する、発売する」、(D)expand「〜を拡大する、広げる」では文意が通りません。

訳

自動在庫管理システムは、製品が一定のレベルにまで減少するとすぐに在庫を補充するように設計されています。

英語の
筋トレ 140

replenish は「〜を補充する、補給する」という意味の動詞です。

使ったのは公式問題集と千本ノックのみ
スコア以上にたくさんのことが得られた

IT業界勤務　30代男性

　私は 2018 年 10 月の水曜夜クラスを受講させていただいておりました。

　すみれ塾の参加前後での TOEIC スコアは以下の通りです。

2018 年 9 月（クラス受講前）：575 点（L260　R315）
2019 年 1 月（クラス受講後）：800 点（L425　R375）

　中村先生からは L はもっと伸ばせるとのお言葉もいただきましたが（汗）、参加時点の目標が 730 点だったので、目標を短期間で大きく上回った形です。

　TOEIC の勉強は、中村先生のアドバイス以外の勉強は一切やっていません。授業のテキスト以外で使用した参考書も、『千本ノック！』計 6 冊と公式問題集のみです。

　単語帳は買わず、その代わりに『千本ノック！』に出てくる単語は全て意味を理解し、かつ単語の微妙なニュアンスまで摑むよう努めました。

　リスニングは先生の教え通り、パート 2 とパート 3 を徹底的にやりこみました。公式問題集のパート 2 とパート 3 で「設問を解く」練習というよりも、「解答するのに必要な部分を絶対聞き漏らさない」「聞き取れない単語を極力 0 にする」ということを意識した練習を繰り返しました。やはりこれが一番点数に効いたのではないかと思います。

　TOEIC 受験から少し間は空きましたが、2019 年末から転職活動を開始し、社内公用語が英語の某企業をはじめ複数企業から内定をいただくことができました。

　そして最終的には、当初から希望していた大阪に本社のある某社 IT 部門に転職することを決めました。

　転職活動に際して、TOEIC スコア 800 点ということ自体ももちろん評価いただいたのですが、もう 1 つ良く評価してもらえたことがあります。

　それは、「チャレンジングな目標を掲げて自分にプレッシャーをかけた中で、短期間で目標に向けて成果を出せる姿勢・行動力」でした（面接官からのフィードバックコメントには「自分にハードな資格取得目標を課すなど、Discipline を持つ姿勢も感心する」ともありました）。

　これについては、私自身にだけ当てはまることではなく、中村先生のハードな授業をくぐり抜けた方々は、皆さん同じことが言えるのではないかと思います。

　なぜ TOEIC スコアを上げようと思ったのか、なぜ短期間でスコアアップを達成できたのかを論理的に説明できれば、中村先生の教室の経験を通して、単なる TOEIC スコアアップ以上のものを得られると実感しました。

　上述の通り、転職活動においては総じて TOEIC スコアを非常に好意的に評価いただくことが多かったです。中村先生の教室に通っていなかったら、転職活動は全く違う結果になっていたと実感しています。

　中村先生には感謝しています。

　人生を変えるきっかけを作っていただき、ありがとうございました。

TOEIC®
LISTENING
AND
READING TEST

Lesson

6

パート6対策

炎の

16問

最後は、パート6のための練習問題です。
パート6は実際に解いて慣れるのが一番です。
最新の出題傾向に合わせた問題をどうぞ！

Questions 1-4 refer to the following information.

Park Opening Delay

Due to flooding conditions at Clear Point Camping Park, there will be a delay in the opening date of certain campsites until August 11th of this year. If you already have a reservation, it will need to be modified or cancelled. Although there is normally a charge to make changes to existing bookings, all fees will be ---1--- because the event was a result of weather. ---2--- amend or cancel your reservation, you may call our customer service center. ---3---

Contact our call center at 1-555-885-7000 to speak to a reservation agent for assistance. The call center is open daily from 8:00 a.m. to 8:00 p.m. In order to best ---4--- you, please provide the agent with your reference number.

Regards,

Park Management

1. (A) installed
(B) accepted
(C) waived
(D) committed

2. (A) As soon as
(B) In order to
(C) In response to
(D) As far as

3. (A) Checking online updates regularly can help you be more prepared.
(B) Please note that modifying a booking online is also possible at no charge.
(C) Camping is a hobby that can be enjoyed in small and large groups.
(D) Thanks to so many volunteers, the park is looking better than ever.

4. (A) serve
(B) value
(C) contribute
(D) dedicate

単 語 の 意 味

[本文]

delay [dɪléɪ]	延期、遅延
due to ～	～のせいで、～のために
flooding [flʌ́dɪŋ]	洪水
certain [sə́ːrtn]	（数量などが）いくつかの
reservation [rèzərvéɪʃən]	予約
modify [mɑ́ːdəfàɪ]	～を変更する
cancel [kǽnsl]	～をキャンセルする
charge [tʃɑ́ːrdʒ]	手数料
existing [ɪgzístɪŋ]	既存の
booking [búkɪŋ]	予約
fee [fíː]	料金、手数料
amend [əménd]	～を変更する
reservation agent	予約係、予約代理人
assistant [əsístənt]	手伝い、手助け
provide A with B	AにBを提供する
reference number	参照番号

[問題]

update [ʌ́pdèɪt]	アップデート、更新情報
regularly [régjələrli]	定期的に
Please note (that) ～	～をご承知おきください
possible [pɑ́ːsəbl]	可能な
thanks to ～	～のおかげで

【 例 文 1 _ 日 本 語 訳 】

問題 1-4 は次の情報に関するものです。

キャンプ場オープンの延期

クリア・ポイント・キャンプ場では、洪水のため、いくつか
のキャンプサイトのオープン日が今年 8 月 11 日まで延期に
なります。既に予約をお持ちの場合、変更またはキャンセル
が必要となります。通常、予約済みの内容を変更するには手
数料がかかりますが、本件は天候が原因のため全額免除とな
ります。予約の変更・キャンセルは、カスタマーサービスセ
ンターまでご連絡ください。オンラインでの予約変更も無料
で行うことができることをご承知おきください。

予約係のお手伝いが必要な場合は、1-555-885-7000 のコー
ルセンターにご連絡ください。コールセンターは毎日、午前
8 時から午後 8 時まで営業しています。最良のサービスをご
提供できるよう、参照番号を係にお伝えください。

よろしくお願い申し上げます。

公園管理局

(A) 設置される

(B) 受け入れられる

(C) 免除される

(D) 犯される

答え (C) waived

解説

適切な意味の動詞を選ぶ問題です。

冒頭で、洪水のためキャンプサイトのオープン日が遅れるとあり、続いて予約の変更やキャンセルが必要だと言っています。空欄があるのはそれに続く英文です。all fees will be (　) because the event was a result of weather 部分は、「天候のせいなので、手数料が免除になる」だと考えられます。したがって、(C) の waived が正解です。waive は「〜を放棄する、（要求など）を差し控える」という意味で、ビジネスで頻繁に使われる動詞です。

第2問

答え & 解説

(A)　〜するとすぐに

(B)　〜するために

(C)　〜に応えて

(D)　〜に関する限りは

答え　(B) In order to

解説

イディオムの問題です。

それまでの部分でキャンプサイトのオープン日延期のため、予約の変更やキャンセルが必要だと言っています。冒頭部分からの英文の流れを理解していれば、(　　) amend or cancel your reservation, you may call our customer service center の空欄に入れて文意が通るのは、(B) の In order to「〜をするために」だとわかります。

(A) 定期的にオンラインのアップデートをチェック
することで、より万全な備えができます。

(B) オンラインでの予約変更も無料で行うことがで
きることをご承知おきください。

(C) キャンプは大小のグループで楽しめる趣味です。

(D) たくさんのボランティアのおかげで、公園はこ
れまでになくきれいになりました。

答え (B) Please note that modifying a booking online
is also possible at no charge.

解説

文挿入問題です。

第一段落では、「洪水のためキャンプサイトのオープン日が遅
れることになった。予約の変更やキャンセルが必要だ。予約変
更の際の料金は免除される」と言っています。同じ段落の最後
の一文なので、この内容に関するものだと考えられます。選択
肢の中で、変更やキャンセルに関する内容は、(B) の Please
note that modifying a booking online is also possible at no
charge. だけです。

第4問

答え & 解説

(A)　〜に仕える

(B)　〜を尊重する

(C)　（〜に）貢献する

(D)　〜を捧げる

答え　(A) serve

解説

適切な意味の動詞を選ぶ問題です。

第二段落の直前の英文では、お手伝いが必要な場合の連絡先や営業時間について述べています。空欄があるのはそれに続く最後の一文です。In order to best (　) you の部分に入れて文意が通るのは (A) の serve「〜に仕える」だとわかります。best serve you「皆さまに最良のサービスを提供する」や best serve customers「顧客に最良のサービスを提供する」のような表現はよく使われます。

Questions 5-8 refer to the following article.

Music Festival Finishes on a High Note

June 30 -Forest Hill-

The 20th and final edition of the popular Forest Music Fest wrapped up a two-decade tradition this past weekend with four days of outstanding performances from ---5--- musicians.

"It's a very special weekend for us, but it's also been very hard for us," Bill Baxter, the event president, said. "The festival has become too successful and we have outgrown the location. We can no longer ---6--- accommodate the growing number of visitors. ---7---, the festival will continue next year, but in the adjacent town, Thamesville," he added.

---8--- However, the good news is that anyone who wants to join the event next year, there is a 25 kilometer stretch of highway that connects the towns.

After the last song was played by local musician Sylvia Dennis, Forest Hill mayor John Howard thanked all the visitors and volunteers for their years of commitment and support.

5. (A) accomplishment
(B) accomplished
(C) accomplish
(D) accomplishing

6. (A) adequately
(B) remotely
(C) concisely
(D) overwhelmingly

7. (A) Therefore
(B) Moreover
(C) Meanwhile
(D) Instead

8. (A) Applications are now being accepted from promising musicians.
(B) After further consideration, the decision has been changed.
(C) Speed limits will be reduced in order to improve road safety.
(D) The festival will surely be missed by many residents of Forest Hill.

単 語 の 意 味

[本文]

on a high note .... 大盛況で、最高潮で

final edition .... 最終回、最終版

wrap up .... (仕事などを)終える

outstanding [àutstǽndɪŋ] .... 素晴らしい、傑出した

outgrow [àutgróu] .... (規模拡大により)〜が狭くなる

no longer .... もはや〜ない

accommodate [əkáːmədèɪt] ...... (場所が)〜を収容する、〜分のスペースがある

adjacent [ədʒéɪsnt] .... 隣の、隣接した

a stretch of 〜 .... 一筋の〜、一面の〜

highway [háɪwèɪ] .... 幹線道路、ハイウェイ

commitment [kəmítmənt] .... (活動などへの)取り組み、献身

[問題]

application [æplɪkéɪʃən] .... (仕事などへの)応募、申し込み

promising [práːməsɪŋ] .... 前途有望な、将来を見込める

further [fə́ːrðər] .... さらなる

consideration [kənsìdəréɪʃən] ... 検討、考慮

speed limit .... 速度制限

road safety .... 交通安全

miss [mís] .... 〜がないのを寂しく思う

【例文 2 _ 日本語訳】

問題 5-8 は次の記事に関するものです。

音楽祭が大盛り上がりのうちに終了

6月30日 - フォレストヒル -

第20回目にして最終回となる、人気のフォレスト・ミュージック・フェスティバルは先週末、4日間にわたる熟練のミュージシャンたちによる素晴らしい演奏で、20年の歴史に幕を下ろしました。

「私たちにとって非常に特別な週末ですが、とても大変でもありました」とイベント責任者であるビル・バクスターは述べました。「フェスティバルが大成功のあまり、この場所が手狭になりました。増え続ける参加者にもはや適切に対応できなくなってしまったのです。そのため、フェスティバルは来年も続けますが、隣町のテムズビルで開催します」とバクスターは付け加えました。

フェスティバルはフォレストヒルの住人の多くに間違いなく惜しまれるでしょう。しかし、ありがたいことに来年のイベントに参加したければ、二つの町の間を結ぶ25キロの高速道路があります。

地元ミュージシャンのシルビア・デニスによる最後の歌が流れた後、フォレストヒル市長のジョン・ハワードが、聴衆とボランティア全員の長年にわたる取り組みと支援に謝意を述べました。

(A) 功績

(B) 熟練した

(C) 〜を成し遂げる

(D) 〜を成し遂げようとしている

答え (B) accomplished

解説

形容詞の問題です。

空欄の直前に前置詞 from があるので、from 以降は名詞句が続くはずです。空欄後が musicians と名詞なので、空欄には名詞を修飾する形容詞が入るとわかります。形容詞は (B) の accomplished「熟達した、堪能な、成功した」です。accomplished musician で「熟練のミュージシャン」という意味になります。accomplished actor「熟練俳優、ベテラン俳優」という表現でパート 5 で出題されたこともあります。

第6問

答え & 解説

(A)　適切に

(B)　遠く離れて

(C)　簡潔に

(D)　圧倒的に

答え　(A) adequately

解説

適切な意味の副詞を選ぶ問題です。

空欄を含む英文の直前の英文で「フェスティバルが大成功のあまり、この場所が手狭になった」と言っていて、続く英文でWe can no longer (　) accommodate the growing number of visitors. と言っています。空欄直前に置かれた no longer「もはや～ない」が大きなヒントになります。(A) の adequately「適切に、十分に」であれば「増え続ける参加者にもはや適切に対応できない」となり、文意が通ります。

(A) そのため

(B) さらに

(C) その間に

(D) 代わりに

答え (A) Therefore

解説

適切な意味の副詞を選ぶ問題です。

空欄が文頭で、直後にコンマが続いています。このことから、空欄には接続副詞が入るのではないかと推測できます。接続副詞とは、接続詞のような働きをし、文と文をつなぐことができる副詞のことです。直前の文で「増え続ける参加者にもはや適切に対応できない」と言っていて、空欄後で「フェスティバルは来年も続けますが、隣町のテムズビルで開催する」と言っているので、これらをつないで文意が通るのは (A) の Therefore「そのため、それゆえ」しかありません。

第**8**問

答え & 解説

(A) 有望なミュージシャンからの応募を受付
中です。

(B) さらなる検討の結果、決定が翻されました。

(C) 交通安全向上のため、速度制限が引き下げられます。

(D) フェスティバルはフォレストヒルの住人の多くに間違いなく惜しまれるでしょう。

答え (D) The festival will surely be missed by many residents of Forest Hill.

解説

文挿入問題です。

第一段落で「フェスティバルが成功した」ことについて述べ、第二段落で「参加者が増え続けているので、来年は開催場所を変える」と言っています。それに続けて意味がつながる英文はどれかを考えます。フェスティバルの開催地が別の場所に移ることになるので、これに続けて文意が通るのは (D) の The festival will surely be missed by many residents of Forest Hill.「フェスティバルはフォレストヒルの住人の多くに間違いなく惜しまれるだろう」しかありません。

Questions 9-12 refer to the following email.

To: William Davenport <wdavenport@greatwindows.ca>

From: Karen Lee <karenlee@mymail.ca>

Date: April 8

Subject: Window Measurements

File attached

Dear Bill,

Thank you for taking the time to explain the window options for our home. ---9--- I have compared your products to those of other manufacturers and find your windows to be superior ---10--- quality and affordability. We have decided to go with the SLR-1500, medium-tint, double layer sliding-type series for all 10 windows in our home.

I understand that the price you ---11--- me is a rough estimate and you will need to do exact measurements before confirming the final price. Therefore, I would like to set up an appointment to have the measurements taken. This should be done at any time on Sundays, or after 5 P.M. on weekdays, while construction workers are not on site. Therefore, please send me

choices of times that your staff is available. ---**12**---
you have any questions, please email at this address
or call me at 212-555-0191. I look forward to hearing
from you.

Regards,
Karen

9. (A) As mentioned in our telephone conversation,
renovations will begin next month.

(B) Prices in the housing market are growing faster
than in any other period in history.

(C) It is difficult to arrange other day of the week, so
please come on Tuesday.

(D) Some items can be bought online, but we need
to minimize shipping costs.

10. (A) on behalf of　　　　　**11**. (A) quotes

(B) in terms of　　　　　　　　(B) quoted

(C) in spite of　　　　　　　　 (C) quotable

(D) in accordance with　　　　 (D) will quote

12. (A) Then

(B) Only

(C) Whether

(D) Should

単 語 の 意 味

[本文]

measurement [méʒərmənt] ····· (通例複数形で)寸法

attach [ətǽtʃ] ································ ～を添付する

compare A to B ················· AとBを比較する

manufacture [mǽnjəfǽktʃər] ··· メーカー、製造会社

superior [su(:)píəriər] ·············· 優れている

affordability [əfɔ̀:rdəbíləti] ······ (値段の)手頃さ

go with ～ ······························ ～を選ぶ

rough [rʌf] ······························· おおよその

estimate [éstəmət] ··················· 見積もり

confirm [kənfə́:rm] ···················· ～を確定する

therefore [ðéərfɔ̀:r] ··················· それゆえ

set up ～ ································ ～を設定する

appointment [əpɔ́ɪntmənt] ······· (面会の)約束、予約

construction worker ··········· 工事作業員

available [əvéɪləbl] ··················· (人が)会うことができる、来ることができる

look forward to ～ ················ ～を楽しみにする

hear from ～ ·························· ～から連絡をもらう

[問題]

mention [ménʃən] ······················ ～に言及する

renovation [rènəvéɪʃən] ··········· リフォーム、改装

minimize [mínəmàɪz] ················· ～を最小限にする

shipping cost ························ 送料、配送料

【 例 文 3 _ 日本語訳 】

問題 9-12 は次のメールに関するものです。

宛先：William Davenport〈wdavenport@greatwindows.ca〉
送信者：Karen Lee〈karenlee@mymail.ca〉
日付：4月8日
件名：窓の寸法

添付ファイル

ビルへ

わが家につける窓の種類を説明するのに時間をとっていただきありがとうございました。電話でお話しした通り、リフォームは来月から始まります。そちらの製品を他社のものと比較し、品質と価格の手頃さの面で最も優れていると感じました。家の10窓全てを、SLR-1500のミディアムグレー、スライド式のペアガラスのシリーズにしようと決めました。
見積もりいただいた価格は概算で、最終価格を確定する前に正確な寸法を測る必要があるのは承知しています。つきましては、採寸の予約をお願いしたいと思います。工事関係者が現場にいなくなる平日の午後5時以降か、日曜でしたら何時でも構いません。よって、スタッフの方の都合の良い時間の候補を送っていただけますでしょうか。もし質問があればこちらのアドレスにメールをいただくか、212-555-0191までお電話ください。お返事お待ちしています。

よろしくお願いします。

カレン

(A) 電話でお話しした通り、リフォームは来月から始まります。

(B) 住宅市場の価格は、歴史上いつの時代よりも急速に上昇しています。

(C) その他の曜日では調整が難しいので、火曜日にお越しください。

(D) オンラインで購入できるものもありますが、送料を最小限に抑える必要があります。

答え (A) As mentioned in our telephone conversation, renovations will begin next month.

解説

文挿入問題です。

文頭で「わが家につける窓の種類を説明するのに時間をとっていただきありがとうございました」とお礼を述べ、空欄後では「そちらの製品を他社のものと比較し、品質と価格の手頃さの点において最も優れていると感じました。家の 10 窓全てを、SLR-1500 のミディアムグレー、スライド式のペアガラスのシリーズにしようと決めました」と言っています。続いて正確な見積もりのための採寸日について書かれています。空欄に入れて意味が通るのは、(A) の As mentioned in our telephone conversation, renovations will begin next month.「電話でお話しした通り、リフォームは来月から始まります」しかありません。

第**10**問

答え & 解説

(A)　〜を代表して

(B)　〜の点から見て

(C)　〜にもかかわらず

(D)　〜に従って

答え　(B) in terms of

解説

イディオムの問題です。

I have compared your products to those of other manufacturers and find your windows to be superior (　) quality and affordability.「そちらの製品を他社のものと比較し、品質と価格の手頃さ〜最も優れていると感じました」の「〜」部分に入れて意味がつながるのはどれかを考えます。(B)の in terms of 〜「〜の点から見て、〜に関して」を入れれば「品質と価格の手頃さの〜の点から見て」となり文意が通るので正解は (B) だとわかります。

(A)　見積もる

(B)　見積もった

(C)　引用価値のある

(D)　見積もるだろう

答え　(B) quoted

解説

時制の問題です。

I understand that the price you (　) me is a rough estimate and you will need to do exact measurements before confirming the final price. という英文の the price の後ろに目的格の関係代名詞 which/that が省略されているということに気付かなければなりません。that 節内の主語が the price で、動詞は is であること、そして you (　) me が先行詞 the price の説明をしている修飾語だとわかれば、空欄には動詞が入るとわかります。したがって、形容詞である (C) の quotable は不正解です。英文の意味を考えると、「あたなが『見積もった』価格は…」と動詞 quote の過去形を入れて quoted とすればいいとわかるので、(B) の quoted が正解です。

第12問

答え & 解説

(A)　それでは

(B)　〜だけ

(C)　〜かどうか

(D)　もし〜であれば

答え　(D) Should

解説

仮定法未来の問題です。

ビジネス関連の手紙やメールでよく使われる仮定法未来の倒置の形です。空欄に (D) の Should を入れるとこの1文は次のようになります。

Should you have any questions, please email at this address or call me at 212-555-0191.

この文は、仮定法未来の if を省略し、主語と助動詞 should を倒置させたもので、元の英文は If you should have any questions, please email at this address or call me at 212-555-0191. です。

Questions 13-16 refer to the following memo.

To: All Staff
From: Jackie Vlachos- HR Manager
Date: March 12
Regarding: 3rd floor meeting rooms

Consultants and office staff should be aware that all conference rooms on the 3rd floor will not be available for ---13--- as of Saturday, April 11 through Monday, April 20. Although the work ---14--- by Friday, April 17, the painters suggested that the rooms be unoccupied for at least 3 days to ensure that the paint is ---15--- dry and to give the rooms sufficient time to air out. The painting company has guaranteed us that the offices will not be affected with paint fumes, but if you become sensitive to the smell of paint, please find work space on an alternative floor; ---16---
We apologize for any inconvenience that this may cause you, but it will be nice to finally have rooms that we can all be proud of.
If you have any questions or concerns, please feel free to contact me.

Jackie

13. (A) use
   (B) accommodation
   (C) substitution
   (D) agreement

14. (A) will have completed
   (B) had completed
   (C) will have been completed
   (D) has been completed

15. (A) completed
   (B) completes
   (C) completely
   (D) completing

16. (A) Fortunately, the client was completely satisfied with the arrangement.
   (B) Either room will be available from the following week.
   (C) Additionally, the carpet may be replaced at a future time.
   (D) Another option would be to request permission to work from home.

単 語 の 意 味

［本文］

HR manager ……………………… 人事部長

aware [əwéər] ……………………… 認識して

conference room ……………… 会議室

available [əvéɪləbl] ………………… 利用できる

as of ～ ………………………… ～から、～以降

unoccupied [ʌnάːkjəpaɪd] ………… (部屋が) 空いている

ensure [ɪnʃúər] ………………… ～を確実にする

sufficient [səfíʃənt] ……………… 十分な

air out ………………………… (部屋が) 換気される

guarantee [gèrəntíː] …………… ～に (…を) 保証する、確約する

affect [əfékt] ………………… ～に影響を与える

fume [fjúːm] ………………… 臭気

sensitive [sénsətɪv] ……………… (痛みや臭いなどに) 影響を受けやすい

apologize for ～ ……………… ～のことで謝罪する

inconvenience [ìnkənvíːnjəns] … 不便、迷惑

be proud of ～ ………………… ～を誇りに思う

concern [kənsə́ːrn] ……………… 懸念、心配

［問題］

fortunately [fɔ́ːrtʃənətli] …………… 幸運にも

be satisfied with ～ ……………… ～に満足している

either [íːðər] ………………… どちらの～でも

additionally [ədíʃənəli] …………… さらに、そのうえ

replace [rɪpléɪs] ……………… ～を取り替える、交換する

permission [pərmíʃən] …………… 許可

work from home ……………… 在宅勤務する

【例文 4_日本語訳】

問題 13-16 は次のメモに関するものです。

宛先：全スタッフ
差出人：人事部長 Jackie Vlachos
日付：3月12日
要件：3階会議室

4月11日の土曜日から4月20日の月曜日まで3階の会議室が全て利用できませんので、コンサルタントならびに職員の皆さんはご注意ください。作業は4月17日の金曜日までに完了している予定ですが、塗装業者によると、ペンキが完全に乾き、部屋の空気が入れ替わるのに十分な時間を確保するため、最低3日は部屋に入らないようにとのことです。塗装会社は、塗料の臭気によるオフィスへの影響はないと保証していますが、もしペンキの臭いが気になるようであれば、仕事場を別の階で確保してください。在宅勤務の許可を申請するという手段もあります。
ご不便をおかけして申し訳ありませんが、ようやく職員全員の満足のいく会議室ができうれしく思います。
質問や気になることがあれば、遠慮なく連絡してください。

ジャッキー

(A)　利用

(B)　宿泊

(C)　代用

(D)　合意

答え　(A) use

解説

語彙問題です。

空欄を含む英文では Consultants and office staff should be aware that all conference rooms on the 3rd floor will not be available for (　) as of Saturday, April 11 through Monday, April 20. と、コンサルタントならびに職員に向けて「4月11日の土曜日から4月20日の月曜日まで3階の会議室が全て〜」と注意を呼びかけています。「〜」にあたる部分が will not be available for (　) です。空欄部分に入れて文意が通るのは (A) の use「利用、使用」だけです。使用できなくなるのはその後の英文を読めば、塗装業者によるペンキ塗りのためだとわかります。

第**14**問

答え & 解説

(A)　（未来完了形）

(B)　（過去完了形）

(C)　（未来完了形の受動態）

(D)　（現在完了形の受動態）

答え　(C) will have been completed

解説

時制の問題＋態を問う問題です。

選択肢には動詞のさまざまな形が並んでいるので動詞関連の問題だとわかります。接続詞 although が導く従属節の主語は the work「作業」です。空欄に入るのが動詞部分です。主語と動詞の意味的な関係を考えれば、「作業が完了する」となるはずですが、complete は「〜を完了させる」という意味の他動詞なので、「作業が完成させられる」と受動態にならなければなりません。選択肢の中で受動態は (C) の will have been completed と、(D) の has been completed だけです。どちらが正解かは時制について考えなければなりません。文頭から英文を読み進めると、作業はこれから行われるとわかります。したがって、未来の一時点での完了をあらわす未来完了形である (C) の will have been completed が正解です。

(A) 〜を完了させた

(B) 〜を完了させる

(C) 完全に

(D) 〜を完成させている

答え (C) completely

解説

副詞の問題です。

選択肢に似た形の単語が並んでいるので、品詞の問題かもしれないと考えます。品詞の問題の場合、空欄前後が重要になります。この英文の空欄直前は be 動詞の is なので、空欄直後の dry は形容詞として使われているとわかります。形容詞を修飾するのは副詞なので、副詞である (C) の completely「完全に、十分に」が正解です。

第16問

(A) 幸いなことに、クライアントは段取りに大満足していました。

(B) どちらの部屋も翌週から利用が可能です。

(C) さらに、将来的にカーペットも張り替えられるかもしれません。

(D) 在宅勤務の許可を申請するという手段もあります。

答え (D) Another option would be to request permission to work from home.

解説

文挿入問題です。

前半で「塗装会社による会議室のペンキ塗りが行われるので、一定期間会議室が使えなくなる」と注意を促し、続いて塗装終了後も、数日間は会議室を使えないと言っています。

空欄直前の文では「塗装会社は、塗料の臭気によるオフィスへの影響はないと保証していますが、もしペンキの臭いが気になるようであれば、仕事場を別の階で確保してください」と言っています。これに続けて使えて文意が通るのは (D) の Another option would be to request permission to work from home. 「在宅勤務の許可を申請するという手段もあります。」しかありません。

パートごとに正しい攻略法が存在する 英語での業務が一つ上のステージに

外資系医薬品会社勤務　50代男性

　2019年、会社が突然TOEICの受験と点数登録を義務化しました。英語を使っている立場上、はずかしい点を会社に登録したくありません。そのためには勉強するしかなく、やるのであれば高い目標として900点を設定し、それを周りにも話しました。

　公開試験は9月に受講することを決め、まずは単語の習得と共に、市販の問題集などを用いて自力で勉強を開始しましたが、市販問題集の予想スコアが700点台から抜け出せません。英語はやればやっただけ上がると簡単に考えていましたが「今やTOEICはこんなにも難しいものになったのか」「もうこれは自力だけでは900点は超えないだろう」「そうであればTOEICの攻略にはその道を究めたプロに教えてもらうしかない」と思い、中村先生の教室に申し込みをしました。10月初旬のことです。

　教室は11月から始まりました。授業は毎回スピードが速く内容も濃く、家に帰ってその日に教わった事のまとめに毎回3〜4時間はかかりました。特にパート2とパート3は、教わったことを元に、公式問題集の問題のパターンを自分なりにまとめ直し、パターンの種類、解答の広がり範囲などをまとめることで、落ち着いて取り組めるようになったと思います。

　パート3と4の設問や選択肢の先読みが必要なことは知っていましたが、どのようにすればそれを確実に近くできるのかが分かりました。先読みができないと会話を聞きながら選

択肢を考えてしまい会話の聞き取りが疎かになり正解率が落ちます。

　パート2に関しては、9月の模試では出鼻をくじかれ、まったくどれが正解か分からない問題が続きましたが、パターン分析、消去法、返答の広がり範囲などが理解できた後では苦手意識はなくなりました。

　パート7は頭から読み飛ばすことなく全ての情報を読み終えると、正しい解答が見えてくるような感覚ができました。中には答えを探しに本文に戻ることもありますが、読んでストーリーが理解できれば間違いも少なくできると思います。

　一番大変だったのはパート5です。英語はもともと感覚的に使っていた部分があり、パート5も主に選択肢を入れてしっくりくるかどうかで選択していました。これを文法のルールに基づき、論理的に考えて選択するように変えていくのですが、覚えるルールが多く、これは短期間にはなかなか点数が上がりませんでした。

　ひたすら中村先生の『千本ノック！』や教室のプリントをやり続けました。

　『炎の千本ノック！』で先生の教室を知ったのですが、教室が始まってから、『炎の千本ノック！』1冊では足りないと、八重洲ブックセンターに行ったところ、TOEICの一角が先生のコーナで、色とりどりの『千本ノック！』と先生の色紙が置いてあったのに驚きました。

　まずはパート2、3、4の攻略法を習得すると、リスニングセクションでは450点以上が取れるようになると思います。

　11月の公開テスト時は、教室はまだ半分しか終わっていなかったのですが、かなり手応えがありました。
　テスト後はもしかしたら900点を超えたかもしれないとの

ワクワク感がありました。結果が出るまでこんなにも何か
を待ち遠しく思ったのは久しぶりの感覚です。

　そして結果は905点（L465　R440）。9月の810点
（L410　R400）からの大幅アップで、一気に目標を達成する
ことができました。

　今回 TOEIC を勉強して良かったのは、会社での業務で使え
ることです。メールで書く文書の質が向上したと感じていま
す。TOEIC はビジネス文書の宝庫です。真似して使わない手
はありません。外国人との1対1の電話会議でも、12月の海
外出張でも、相手の言っていることがほとんど聞き取れるよ
うになったためか、即答もできるし、会議をリードすること
もできていました。英語での業務が、一つ上のステージに上
がったような気分です。

オフィスS&Yの今

　仕事の中心は、八重洲で行っている2カ月単位、年5回開催の教室です。

　私が教える水曜日夜と土曜午前の「通常クラス」の2クラスに加え、大手予備校講師歴20年の山崎先生が教える400点以下の方が対象の「準備クラス」があります。通常クラスには450点〜800点台後半の方までさまざまな点数の方が参加していますが、内容が濃いため、2カ月で900点以上達成の方も少なくありません。授業は少しハードです。

　また、有料になりますが、補講として「文法セミナー」や「構文読解＆速読セミナー」も提供しています。

　元教室生向けには単発の1日セミナーも開催していますが、15年間猛スピードで走り続けてきたため、今後は少しのんびりしたいという思いもあり、一般向けの単発セミナーはしばらくお休みする予定です。

　グローバル化が進む中、さまざまな企業が生産拠点を海外に移したり、海外のマーケットを求めたりと英語なしでは仕事ができない状況になっています。生き残りをかけ M&A によって海外企業の買収を進める企業も少なくなく、結果、上層部に外国人の割合が増え、海外の拠点とのやり取りも増え、メールを中心とした日常業務に英語がますます欠かせない事態となっています。

各企業で求められる点数も年々上がっています。

海外で働く従業員が増えた分、あるいは合理化推進のためか 40 歳以上のリストラの話も増えている感があります。海外出張帰りに教室直行や、教室終了後に羽田に移動して海外出張というケースも少なくなく、仕事終了後深夜まで TOEIC の学習もしなければならず、内情を聞くたびに東京のビジネスパーソンの悲哀を感じます。

16 年間メールマガジンを書いてきましたが、メールはスパムが増えてきたため迷惑フォルダーに入れられることも多くなり、メルマガに加え、2020 年 5 月から LINE での問題の発信も始めようと思っています。

ツイッターや FB でも情報を提供しています。

今後とも、駆け込み寺としての「すみれ塾」をよろしくお願いします。

すみれ塾 HP → https://www.sumire-juku.co.jp/
ツイッター → https://twitter.com/sumirejuku/
FB → https://www.facebook.com/sumirejuku/
すみれ塾 LINE →「すみれ塾」で検索してください。

INDEX

「単語の意味」に出てくる重要単語・熟語類を
アルファベット順に並べました。
チェック欄も利用して、
学習のまとめ・単語の総整理などにお使いください。

★読者のみなさまにお願い

この本をお読みになって、どんな感想をお持ちでしょうか。祥伝社のホームページから書評をお送りいただけたら、ありがたく存じます。今後の企画の参考にさせていただきます。また、次ページの原稿用紙を切り取り、左記まで郵送していただいても結構です。

お寄せいただいた書評は、ご了解のうえ新聞・雑誌などを通じて紹介させていただくこともあります。採用の場合は、特製図書カードを差しあげます。

なお、ご記入いただいたお名前、ご住所、ご連絡先等は、書評紹介の事前了解、謝礼のお届け以外の目的で利用することはありません。また、それらの情報を6カ月を越えて保管することもありません。

〒101-8701（お手紙は郵便番号だけで届きます）

祥伝社　書籍編集部　編集長　栗原和子

電話03（3265）1084

祥伝社ブックレビュー　www.shodensha.co.jp/bookreview

★本書の購買動機（媒体名、あるいは○をつけてください）

＿＿＿新聞 の広告を見て	＿＿＿誌 の広告を見て	＿＿＿＿ の書評を見て	＿＿＿ の Web を見て	書店で 見かけて	知人の すすめで

1日1分! TOEIC® L&Rテスト 炎 の千本ノック!2
——英語の筋トレで無理なくムダなく

令和2年5月10日　初版第1刷発行
令和3年5月30日　　　第2刷発行

著　　者	中 村 澄 子
発 行 者	辻 　 浩 明
発 行 所	祥 　 伝 　 社

〒101-8701
東京都千代田区神田神保町3-3
☎03(3265)2081(販売部)
☎03(3265)1084(編集部)
☎03(3265)3622(業務部)

印　　刷	萩 原 印 刷
製　　本	ナショナル製本

ISBN978-4-396-61726-4 C2082　　Printed in Japan
祥伝社のホームページ・www.shodensha.co.jp

祥伝社のベストセラー